今日、誰のために生きる？

アフリカの小さな村が
教えてくれた
幸せがずっと続く30の物語

ひすいこたろう × SHOGEN

廣済堂出版

Maisha Mazuri

30

―プロローグ―

「効率よく生きたいのなら、生まれてすぐ死ねばいい」

作家◆ひすいこたろう

つかぬことをおうかがいしますが、シイタケを食べたことはありますか？

……あるんですね。

では鶏の卵は食べたことありますか？

……あるんですね。

じゃあ、薬が家にあったりしますか？

……それもあるんですね。

じゃあ最後の質問。旅行に行ったことはありますか？

え、それもある⁉

これ、全部、江戸時代の庶民にとっては贅沢《ぜいたく》なことでした。それに家にクーラーと冷蔵庫のある暮らしは、あの天下統一した徳川家康だって味わえていないんです。天下布武《てんかふぶ》を掲げた織田信長だって、カプチーノを飲めずに死んでいるんです。

僕らは、これまでの人類史の中で、一番贅沢に生きています。なおかつ、一番便利で、一番安全に生きています。さらに映画や漫画、ドラマ、ゲームなど楽しいコンテンツに囲まれた毎日を生きています。

では、僕らは江戸時代の人と比べて、何万倍、幸せになっているんでしょうか？

江戸時代末期、海外から日本にやって来た外国人たちは、日本人を見て口々に、

「日本人は幸せで満足している」
「町中に上機嫌な様子がゆきわたっている」
「顔がいきいきしている」

と記しています。

黒船でやって来たアメリカのペリー提督しかり、イギリスのオズボーン艦長も、

「（日本では）不機嫌そうな顔には一つとして出会わなかった」

と言っています。

フランスの作家ボーヴォワールは、**「日本人ほど愉快になりやすい人種はほとんどあるまい」**と言い、1886年の『タイムズ』誌には**「誰の顔にも陽気な性格の特徴である幸福感、満足感、そして機嫌のよさがありありと現れている」**と記されています。

当時の日本は、今より、もっともっと貧しかったにもかかわらずです。

では、今の日本に、上機嫌な様子がゆきわたっているでしょうか？

贅沢ができて、便利になって、安全になった結果、僕らの幸せは、むしろ激減してしまっているのではないでしょうか？

じゃあ、どうしたらいいのか？

すべての答えが、アフリカの「ブンジュ村」にあったのです！

先日知り合ったSHOGEN（ショーゲン）さんは、アフリカのペンキアートを学びたいと、アフリカのタンザニアの「ブンジュ」と呼ばれる村で生活することになりました。

実は、この村こそ、そこに住む人たちの幸せがずっと続いている村だったのです。

ショーゲンさんが同居させてもらうことになった家の近所に、ザイちゃんという3歳の女の子がいました。

ある日、ザイちゃんはお父さんに「流れ星をつかまえに行きたい」と言いました。

もし、あなたが3歳の子から流れ星をつかまえに行きたいと言われたら、どうしますか？

その村の大人たちは、全員が行くんだとか。

その日も、1時間半くらい探して帰ってきました。またその翌日も、お父さんたちが探しに行こうとしたので、ショーゲンさんは、さすがにもうやめさせようと「流れ星なんてつかまえられるわけがない」と伝えたんだそうです。すると……、

「ショーゲン、お前は、流れ星をつかまえに行ったことがあるから、そう言ってるのか？」

と聞かれた。

「行ったことはない」と言うと、「行ったことのないやつに言われたくない。お前にはロマンとか夢はないのか？」と真面目な顔で言われたそうです。

「ショーゲンは、いつも無駄を省いて、効率よく生きようとしているけれど、無駄とか、しょうもないことの中に、幸せっていうものがあるのに、もったいないなあ」

さらに追い討ちをかけるように、こう言われたそうです。

「効率よく考えるのであれば、生まれてすぐ死ねばいい。
人はいかに無駄な時間を楽しむのかっていうテーマで生きてるんだよ。
お前の心のゆとりはどこにあるんだ？
お前の幸せはいったいどこに行ったんだ？」

でも、これ、昔の日本人の感性なんです。
ご覧ください。
かつての日本人が無駄を楽しんできた決定的な証拠を！

芸術家・岡本太郎がニッポンの美の源流と称《たた》えた、約5000年前の縄文土器（火焔型土器）です。

火で焦げた部分や吹きこぼれのあとがあることから、食べ物の煮炊きに使う土器だとわかっていますが、ここまで世界観を盛り込んで作っちゃうと、煮炊きに使いにくい、使いにくい！（笑）

でも、これぞ、無駄を楽しむ精神の結晶、ニッポンの心の原点だと言っていいでしょう。

縄文時代は1万4000年もの長い間、武器を持たずに平和を貫いた、世界史的に見たら奇跡と言われる時代です。この無駄を楽しむ精神こそが、心にゆとりをもたらしていたのではないでしょうか。人は心にゆとりがある時は争いませんから。

僕らはお金のために効率を求め、他人の目を気にして「いいね」を求め続けた結果、一番大事な「心のゆとり」（幸せを感じる心）を失ってしまったのです。

そして、実は、アフリカのブンジュ村に伝わる、幸せがずっと続いていく感性は、

なんと日本人から教わったと言うのです！

アフリカに、かつての日本人の感性で生活が営まれ、ずっと幸せであり続ける村があったのです。どういうことか、その謎、〝日本人の秘密〟は、最後まで読んでいただけると明かされます。

というわけで、初めまして。作家のひすいこたろうです。

２０２２年４月30日、僕は湯河原の「湯河原リトリート　ご縁の杜《もり》」というお宿で、仲間と一緒に温泉に浸かっていました。

そこで、30代であろう見知らぬ男性に声をかけられたんです。

それが、ショーゲンさんとの出会いでした。

この奇跡の物語は、ここから始まります。

「ブンジュ村で教えてもらったことが、あまりにすごくて、１人でも多くの日本人に伝えたいと思って、今こうして伝えているんです。ちょっと聞いていただいていいですか？」

と、ショーゲンさんは、いきなり言ってきたのです。

「え？　ここで？」

正直、そう思いました。

だって、今、温泉に入っているんですから……。

しかし、彼が話し始めてからの15分……、僕は仲間2人といたのですが、みんな彼の話に釘付けになりました。

ショーゲンさんの話を聞けば、僕らが失いつつある、「幸せを感じる心」を取り戻せる。そして、日本人であることに誇りを持てる、と僕は確信しました。

そして、彼が1人でも多くの日本人に伝えたい、とこうして温泉に入りながらでも、声をかけてくるその理由が、話を聞いていてわかりました。

僕は温泉に入っている場合じゃないって気づきました。

こんな素敵な話を僕ら3人だけで聞いているのはもったいない。今すぐ温泉を出て、収録させてもらってYouTubeですべての日本人に聞いてもらいたい、と思ったんです。

その時に収録したYouTubeを聞いた出版社の編集者の真野はるみさんが、**「この奇**

跡の物語を本にしたい！」と言ってくださり、こうして書籍化されました。

かつて、温泉トークがこんな形で迅速に書籍になった例は、あるのでしょうか。

もちろん、彼は僕が作家だということを知って、声をかけてきたわけではありません。その時、僕はただのニューヨーカー（入浴家）でしたから……。そんな駄洒落はどうでもいい（笑）。


この本は、２部構成になっています。

まずはショーゲンさんが経験してきた、幸せがずっと続く村の物語を紹介します。喜びとは？　失敗とは？　仲間とは？　仕事とは？　そして幸せとは？　アフリカにある小さな村の村長が教えてくれた衝撃の「生きる」ことのすべて！

あなたの心がたちまち幸せに満たされる感動の実話です。


そして後半はそれを受けて、幸せになる「ものの見方」を18年研究し、70冊の著作を通して伝えている作家のひすいこたろうが、ブンジュ村の教えを僕らの生活により落とし込めるように、解説させていただいております。

この物語は、アフリカの遠い世界の話じゃないんです。
日本人が誇りを取り戻し、今すぐ幸せになれる物語です。

そして、1つ予言をしておきましょう。
この本を読み終える頃には、今度は、あなたがショーゲンさんのように、この話を1人でも多くの人に伝えたくなることでしょう。ただし、温泉でいきなり声をかけるのはやめたほうがいい！（笑）

では、
ショーゲンさん出番です。
〝伝説〟の幕を開けましょう。

―プロローグ―

part 1
ずっと幸せであり続ける奇跡の村

SHOGEN

part 2 幸せがずっと続く6つの秘訣 ——シックス・センス ひすいこたろう

part
1

ずっと幸せで
あり続ける
奇跡の村

SHOGEN

ようこそ、ブンジュ村に！

SHOGEN

初めまして。SHOGEN（ショーゲン）と言います。

僕は、アフリカにアートを学びに行ったはずが、
まるでアリスが不思議の国に迷い込んでしまったかのように、
それはそれは奇妙な場所に導かれてしまったんです。

最初は戸惑いの連続でした。

しかし、次第に僕の心は、この不思議な村に惹《ひ》きつけられ、
気づいたらビックリするくらい、幸せになっていたのです。

「なんのために生まれてきたのか?」

その答えにも出会いました。

そして、日本に戻る日が近づいた頃、
村長から衝撃の事実が明かされたのです。

あなたも最初は戸惑うかもしれません。
でも、読み進めるうちに、
あなたの生き方も、まったく変わってしまうことでしょう。

ようこそ、ブンジュ村に。

1

その絵を見た翌日、僕は会社に退職届を出した

「これだ！」って、脳天を直撃するような感じを受けたんです。

アフリカに行く前、まだ日本でサラリーマンをやっていた頃です。

目に飛び込んできたんです。たまたま立ち寄った京都市内の雑貨屋さんで、白い壁に飾られていた1枚のペンキアートが！

夕焼けを背景にして、動物たちが楽しそうに遊んでいる絵でした。

僕が店主に「どこの絵ですか？」と聞くと、アフリカのタンザニアの「ティンガティンガ」というペンキアートだと教えてくれました。

色の鮮やかさ、発色の美しさに惹かれました。もう、輝いて見えました。

その絵を見た瞬間に「これだ！　これで生きていこう」と僕は思い、また絵からも「あなたも描けるよ、絶対できるよ」って応援されているように感じたんです。

そんなことは初めての感覚。心揺さぶられるものに出会ってしまった、という感じでした。

「もうアフリカに行くしかない！」

これを逃したら、二度とこんな衝撃には出会えないと思ったので、その日の夕方にアフリカ行きの航空券を買い、その翌日には会社に退職届を出し、僕は「この絵を描く」と覚悟を決めました。当時、化粧品会社に勤めていましたが、この日は営業マンとして7年目、28歳の6月のことでした。

僕は1986年に京都で生まれました。

それまで人から注目されることが苦手で、「当たりさわりのない人生」をモットーに、もの静かな学生時代を過ごしてきました。就職してからは、それなりに仕事にやりがいを感じて働いていましたが、それでも積極的に人とかかわろうとしたり、問題意識を持って行動することはありませんでした。

それがこの日、1枚の絵と出会い、人生が変わったんです。

父は小学校の教員で、担任の児童が卒業する時、みんなの顔をデッサンして描くほど絵が好きでした。母は芸術系の短大を出て、兄と弟は芸術大学に行っていますから、アートというのは、いつも僕の身近にありました。僕自身も小学校の時はよく絵を描いていて、コンクールに出すと、ほぼ賞をもらうほどでした。

もし、今から「サッカー選手になれ」と言われたら、技術がないからとうてい無理だと思いますが、絵というのは、技術がなくても「味があるね」とか、「私は好きだな」と言ってくれる人が絶対どこかにいる。だから、絵を描くことは昔から好きだったんです。

家族でよく美術館にも行っていましたが、ただ、どの絵を見ても感動することはなかったんです。「すごい技術だなあ」とは思っても、心が震えるほどの絵に出会ったことは1回もなかった。

それが、「ティンガティンガ」を一目見た時、絵の奥底から体に伝わってくるパッションを感じた！　体の内側から熱くなるような、生き抜くための野性的な生命力を感じるような衝撃を受けたんです。

アフリカに行くことを決意した数日後、僕が会社を辞めたことを知った父から、呼び出されました。

「会社を辞めてどうするんだ」と、父。

「アフリカに行って、画家として生きていく」

「お前、頭、おかしくなったのか」

公務員の父は、画家で食べていくのは大変なんだと言って、猛反対でした。

「こんなこと言うのもなんだけど、そんなことをさせるために育ててきたんじゃない」

と父は言いました。

「こんなこと言うのもなんだけどって、そうわかっているなら、そんなこと言ったらダメだよ」

僕は父に言い返しました。なんと言われようと、僕の決意は変わらない。


いきなりサラリーマンを辞めて、絵で生活していけるのか——。

普通に考えたら不安にもなると思いますが、大切なのは自分が受け取った感動。

僕はティンガティンガを見た時、すごく力をもらった。自分の人生をあと押ししてくれる勇気をもらった。この感動は伝わるはずだ。この気持ちを分かち合いたい。この思いに従ったら、絶対大丈夫。そんな確信があったんです。

2

200人の小さな村、ブンジュ村との出会い

アフリカのタンザニアに着いて最初に行ったのが、ティンガティンガアーティストが集まるティンガティンガ村でした。

「ティンガティンガ」というペンキ画は、1960年代にエドワード・サイディ・ティンガティンガという人が、親族間で手に職を持って生きていけるようにと始めたアート。その名前を取って、「ティンガティンガ」と呼ばれるようになりました。

ティンガティンガで使う色は、黒、白、赤、青、黄色、緑などの中から6色以内。下描きなしで、ペンキで描く手法です。

なぜ6色に限定しているかというと、人がキャンバスに迷いなく思いを描けるのは6色までなんだとか。6色を超えると人は迷いが生じる。それで色数が決まっているそうです。

このティンガティンガ村には、約60人の「ティンガティンガアーティスト」がいます。

ただし、「ティンガティンガアーティスト」と名乗れるのは、エドワード・サイディ・ティンガティンガさんの親族だけ。だから僕は「ペンキ画家」と名乗っています。

僕がティンガティンガ村に来て数日経った頃、ノエル・カンビリさんという40歳くらいの男性が声をかけてくれました。

「ティンガティンガ村でも絵は描けるけど、ここは観光地だから、勉強するには受講料が高い。だからオレが住んでいる村に来て、一緒に生活をしながら描いたらどう？」

その村が、ブンジュ村です。

バスを乗り継ぎ、3時間かけて到着したブンジュ村は、200人ほどの小さな村です。この村には高い建物はまるでなく、お店と言えば、おじさんやおばさんがやっている屋台のような売店だけ。物価はスイカ1個が日本円で50円くらいだから、月2万円もあれば、十分な暮らしができます。

電気は日に3～4時間程度使えますが、それも点《つ》いたり消えたり。水は川からくんできますし、ガスはありません。つまり、ライフラインのほとんどを自然に頼っています。

雨季と乾季があり、1年を通して平均気温は昼が30度、夜が25度くらい。どんなに暑くても寒くても空調はなく、自然にお任せです。

農耕や養鶏で野菜や卵、鶏肉を得るほかに、狩猟で生活をしています。

主食は「ウガリ」っていうトウモロコシのパウダーをお湯で練って固い生地にしたもの。これがおいしくないんです（笑）。最後には慣れましたが、最初はこのウガリで体重が10キロ、一気に落ちました。

僕がお世話になったカンビリ家は、お父さんのノエル・カンビリさんのほかに、ママ・ジャネッティ（ここではお母さんのことを、子どもの名前にママをつけて呼ぶんです）と、長女のジャネッティ（11歳）、次女のエンジョ（3歳）、長男のグレイソン（0歳）がいます。

ここに僕も入って、6人家族の生活が始まりました。

ブンジュ村の人たちはみんな朝が早い。カンビリ家も、朝6時にはママとジャネッティが家中の掃除を始めます。トタン屋根の家なので、1日掃除をしないと砂ぼこりだらけになってしまう。だから、朝起きたらまず、砂を掃き出したり拭いたりして、毎日掃除を徹底しています。

3歳のエンジョも早く起きて、ジャネッティと一緒に1時間も歩いて水くみに行き、0

歳のグレイソン以外は、みんな朝から家のために働きます。

カンビリ家の1日は、掃除を終えると朝食をとり、それぞれ仕事や学校へ向かいます。15時半には仕事や遊びを終えて帰宅し、水浴びをして18時くらいに家族そろって夕食をとる。そして21時にはみんなで川の字になって寝るという生活です。

僕はと言うと、朝6時半ぐらいに朝食をとり、7時から絵を描き始め、休憩は昼食の時くらい。陽が落ちるまで毎日12時間絵を描き、「1日最低、4枚は描く」と自分にノルマを課していました。

そんな僕の様子は、日本人から見たら「真面目で立派」と褒められたかもしれませんが、ブンジュ村の人の反応はまったく違い、僕は衝撃を受けました。詳しくはのちほど書いていきます。

僕はこの村で、幸せとは何か、どうしたら人は幸せに生きられるのかを、村人みんなから教えてもらうことになります。

そして、気がついたら涙が出るほどの体験をいっぱいさせてもらったのです。

3

ブンジュ村に伝わる「幸せの3か条」

カンビリさんに連れられてブンジュ村に到着すると、まずダマス村長の家に行きました。これからこの村の一員となることを認めてもらうためです。

70歳を超えているという村長は、寡黙《かもく》で落ち着き払って、あぐらで座っていました。目の奥に深い優しさをたたえて僕を見ています。

挨拶を終えると、村長はこう言いました。

「ご飯が食べられることに、幸せを感じられるか、
ただいまと言ったら、おかえりと言ってくれる人がいるか、
抱きしめられたら、温かいと感じられる心があるか。
この3つがあなたの中にあるんだったら、村においで」

これは、ブンジュ村に伝わる「幸せの3か条」だそうです。

「幸せの3か条」の意味はとても独特です。

1つめは「食事に感謝できるかどうか」ということ。でも、ただ感謝すればいいということではありません。感謝の心を持って、丁寧に味わうということです。

そして2つめは、「おかえり」と言ってくれる人は、家族である必要はありません。この村では、家族という血縁にこだわらず、常にいくつかの家族が助け合って生活しています。だから、コミュニケーションをとても大切にします。

「ただいま」と言ったら「おかえり」と言ってくれる人がいるかということは、そうやって挨拶できる存在がいるかどうか、そういう環境にちゃんと身を置いているか、ということです。また、自分も「おかえり」と声をかけて、人を大事に思う気持ちがあるか、ということも意味しています。

そして3つめは、肌の触れ合いの大切さです。人の温もりがわかる心があるかどうか、ということ。

ブンジュ村では、人と人が触れ合った時の肌の温かさがわからなければ、その人の言葉にも温かさや思いは乗らない、と考えられているのです。

そして、最後に村長の奥さんが、僕にこう聞いてきました。

「この世の中からお金というものがなくなったとしたら、あなたは生きていける人間ですか？」

彼女が言うには、いつか紙幣は紙切れ同然となり、価値がなくなる時代が来るそうです。そんな時代を生きられるのは、愛を持っている人だけ。愛を持って日常生活を過ごしてきた人は、その時代を生きられると言うのです。

そして、僕がそういう人間かどうか、問われたのです。

僕はわけがわからないまま、とりあえず「はい」と言って、ひとまずこの村に住むことがゆるされました。これらのことが、想像以上に深い意味を持っていたことに気づくのは、この村での暮らしを始めてしばらく経ってからです。

4

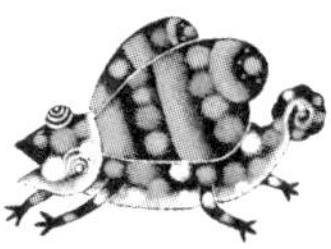

世界一美しい仲直り

ある朝、ちょっとした文化の違いから、20歳くらいの男の子と言い争いになりました。

言い争いは昼になっても終わらず、結局、その時はそのまま別れることになりました。

ところが、夕方になって、彼が僕のところにやって来ました。

「ショーゲン、海に行こう」

僕はてっきり海でケンカの続きをするんだ……と覚悟して、言われるままに一緒に海に行きました。


彼は海へと入っていきます。

僕も彼のあとについて海へ入っていきました。

どんどんと海の中に入り、腰まで浸かったあたりで、彼は「向かい合って」と言いました。

彼との距離は20メートルくらい。

お互いに向かい合った状態で「そのまま、そこで待って」と言います。

時刻は夕方の18時前くらいです。

ケンカの続きをするもんだと思っていた僕は、完全に肩透かしを食らいました。それでも言われるままに、しばらくそのまま海の中で立っていました。

すると、夕陽がだんだんと沈んできて、海に夕焼けの水面ができました。

僕と彼の間に、オレンジ色の美しい夕焼けが横たわっています。

彼は、水面に映る夕日を指して「ショーゲン、これはなんだと思う?」と聞いてきました。


「あたたかい境界線だよ」


そして「もう言い合いとか、イザコザは終わりにして、一緒に帰ろう」と言いました。

呆気《あっけ》に取られている僕に、彼は続けて言いました。

「人間は、自然から生まれてきた。

だから、圧倒的な自然に包まれた時に、すべてのことをゆるせるんだ。

ケンカの火種は解決していないけど、海で向かい合っているオレたちには命がある。

生きられているんだから、もう終わりにしよう」

これは、この村の仲直りの仕方なのだそうです。
圧倒的な自然に包まれることで、お互いのわだかまりは溶けると。

そして、あとで知ったのですが、ブンジュ村にはもう1つのルールがありました。
「ケンカは、その日のうちに仲直りする」
というものです。
その理由を聞いてみると「言い合いをしている大人を、子どもは見たくないでしょ？
それだけの話」って。
ブンジュ村には、このようにシンプルでわかりやすいルールが、たくさんあるのです。

SHOGEN

5 フラミンゴの羽の上で寝る

ブンジュ村の人々は、基本的にはスワヒリ語を話します。「ジャンボ！」（こんにちは）とか「ハバリ」（おはよう）、「カリブ」（ようこそ）という言葉を聞いたことがある人もいるのではないでしょうか。

僕はスワヒリ語を話せなかったので、カンビリさんに木の棒で地面に絵を描いてもらったり、英語とジェスチャーを交えたりしながら、少しずつ教えてもらいました。

僕が「食べたい」という動作をすると、カンビリさんは僕のことを指して「クラ」と言う。僕が自分のことを指すと、カンビリさんは「ニナ」と言う。それを合わせて「ニナクラ」。スワヒリ語で、「私は食べます」ということ。

こうやって少しずつ話せるようになると、友だちもできるようになりました。

カンビリ家の次女エンジョちゃんの大親友、3歳のザイちゃんという女の子が、僕の最初の友だちです。ザイちゃんは、とっても人見知りで恥ずかしがり屋。だから、最初は鬼ごっこのような遊びをして、だんだんと仲よくなっていきました。

ある日、ザイちゃんのお母さんと話していた時のことです。お母さんは、ザイちゃんのことで困っていることがあると言います。

「ザイちゃんがね、夜なかなか寝てくれないの」

僕はお母さんに聞きました。

「そうなんだ、それは大変だね。どうしたらザイちゃんは寝てくれると思う？」

すると、お母さんは少し考えて答えました。

「そうね。フラミンゴの羽の上だったら、よく寝てくれるんじゃないかしら」

僕はなんて素敵な言葉なんだ、と思いました。

ブンジュ村の人たちは、みんなこんなふうに、とても優しくて温かい言葉を日常的に話しています。

すっかり仲よくなったザイちゃんは、1年半のブンジュ村での生活において、僕の最高のパートナーであり、先生のような存在になっていきました。

SHOGEN

6

「抱きしめるようにして話すんだよ」

ある日、僕は3歳のザイちゃんにこんなことを言われました。

「ショーゲンは、肌と肌が触れ合うのが温かいってことがわかっていて、私にその言葉を言ってるの？」

その頃、僕は村での生活に慣れようと努力しつつも、文化の違いや独特の心のあり方、考え方に圧倒されていました。いろんな人から「ショーゲンは心に余裕がない」とか「人生をただこなしているだけのように見える」などと言われて、痛烈に僕の生き方を指摘されることが多かったんです。

スワヒリ語が理解できなかった時は、そんな手痛い指摘をやり過ごすこともできましたが、だんだん言葉が聞き取れるようになると、細かい指摘がけっこうグサグサ心に突き刺さり、落ち込む日々でもありました。

そんなある時、ザイちゃんが友だちから、お菓子をもらっているのを見た僕は、ついひと言、言いたくなってしまったんです。

「ザイちゃん、ちゃんとお礼を言わないとだめだよ」

そう言ってしまったことで、冒頭の言葉をザイちゃんから言われたのです。

「ショーゲンは、肌と肌が触れ合うのが温かいってことがわかっていて、私にその言葉を言ってるの？」

ザイちゃんは続けて言いました。

「ショーゲンの言葉には、体温が乗っかってないから、私には伝わらない」

3歳の子にそう言われて、僕は動揺しました。

日頃から何かと心のあり方に指摘を受けていた僕は、つい「僕だってわかっているんだ」と、ちょっといいところを見せたくなっていたんです。そんな気持ちが、ザイちゃんにはお見通しだったわけです。

「お礼を言わないとだめだよ」という僕の言葉は、自分の名誉挽回のための言葉であり、ザイちゃんのための言葉ではなかった……。

そんな言葉に、体温なんか乗っかるわけがない……。


ザイちゃんは、さらに言いました。

「言葉はね、相手をハグするように言うのよ。ショーゲンは、お母さんから抱きしめられたことがないの？」

ザイちゃんは僕に近寄り、「私が抱きしめてあげるね」と言って、ギューッと抱きしめてくれたのです。


僕は、母にハグしてもらったことを覚えていない。

ザイちゃんにハグをされて、僕は泣けてきました。


「人と話す時は、その人を抱きしめるようにして話すんだよ」

この村の子どもたちは、みんなお母さんから、そう教えてもらって育ちます。

このあと、僕は村長から「3日後の夕日を見に行きなさい」と言われました。

「3日後の夕日が一番、優しい表情をしている。それは今のショーゲンに必要な夕焼けだよ」

僕は言われた通りに3日後、海に行くと、それは本当にとても優しくて温かい、サーモンピンクの夕日でした。

村長が言うには、それが「人が抱きしめられた時の心の色」なんだそう。村長はそれを僕に見せてくれたのでした。

S.HOGEN

7

お腹いっぱいになったら、歌おう！　踊ろう！

ある日、お昼ご飯を食べ終えてゆっくりしていると、ザイちゃんがやって来ました。

「歌わないの？」

と、僕に不思議そうに聞いてきます。

「どういうこと？」

「お腹いっぱいになったら、嬉しいでしょ？　嬉しかったら、歌うでしょ」

僕はそれまで、お腹いっぱいになって歌い出す人を見たことがありません。でも、見渡してみると、ブンジュ村の人はみんな踊ったり歌ったりするのです。

「オーヨ、オヨオヨ、オーヨ、オヨオヨ」

そう歌いながら、10人くらいの子どもが列になって、家の周りをグルグルと嬉しそうに走り回ったり、踊ったりします。次々と子どもたちが加わり、列はどんどん長くなっていきます。

「オーヨ」というのは「お腹いっぱい」という意味。「オーヨ、オヨオヨ、オーヨ、オヨオヨ」と歌い踊ると、『お腹いっぱいになって嬉しいソング』になるのだそう。

これは子どもだけではありません。大人もお腹がいっぱいになったり、嬉しいことがあった時は即興で歌ったり、フリースタイルで踊り出します。

僕もザイちゃんたちと一緒に、「オーヨ、オヨオヨ、オーヨ、オヨオヨ」と歌いながら家の周りを走り、踊りました。


「嬉しかったら歌っていいし、踊っていいんだよ」

とザイちゃんは言いました。


喜びにあふれた時は、その気持ちを素直に出していいんだよ、ということ。

喜びを素直に表現するって、恥ずかしいし人の目も気になる。でも、喜びを素直に表現しない僕は、ザイちゃんには「我慢している」と映っていたのです。

8

ブンジュ村の挨拶「今日、誰のために生きる？」

ブンジュ村の人たちの挨拶は、とてもユニークです。

「おはよう、今日も空を見上げている？」

「今日も裸足で土を踏みしめようね」

「今日は太陽に照らされた野菜たちが、すごく嬉しそうだね」

「この晴れ渡る感じが、今日もオレたちの中にあったらいいね」

「差し込んでくる光が希望に見えるね。今日は絶対いいことが起きるよ」

これがこの村の挨拶なんです。

究極は、朝と夜の挨拶です。

「ショーゲン、おはよう。今日、私は自分の人生を生きるね。
ショーゲンは誰の人生を生きるの？　また夜ご飯の時に会おうね」

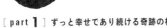

「ザイちゃん、おはよう。今日は誰の人生を生きる？

父ちゃんはオレの人生を生きるからな」


「おはよう。今日、誰のために生きる？

オレは自分のために生きるから。それではまた」


大人も子どもも、そう言います。

そして、夜、寝る時には、

「今日も、自分の人生を生きられた？」

「今日は、どんないいことがあった？」

と聞きます。

最初はビックリしました！　だって、何気ない挨拶がちょっと重い（笑）。

そう感じた理由は、ここでの挨拶は「型通り」の言葉ではないから。

挨拶は「とりあえず言うもの」ではないんです。相手の顔をちゃんと見て、その人の状態を感じて声をかけるんです。

「ショーゲン、空を見上げている？」

僕はブンジュ村に来た当初、朝も昼も、こう挨拶されていました。それはカンビリさん家族だけではなく、通りすがりの人からも、です。

ここでは「空を見上げる心の余裕」を大事にしています。

「なんでショーゲンは、そんなに心に余裕がないの?」

と、よく言われました。僕にしてみたら一般的な日本人とそんなに変わらないと思っていますが、「もしかして、借金取りに追われているの?」とまで言われました。

人に追われているように見えるくらい、ブンジュ村の人にとって、僕はせかせかと落ち着きなく、心に余裕がなく見えていたようです。

「ショーゲンがもっと心に余裕ができたら、お話してあげるね」

と、ザイちゃんから「会話拒否」をされたことだってあります(笑)。

僕に空を見上げる余裕が出てきた頃、

「ショーゲン、自分の人生を生きている?」

「ショーゲン、今日、誰のために生きる?」

というように挨拶が変わっていきました。

9

仕事を愛する大人たち

ある日、ザイちゃんがお父さんに、「将来、お医者さんになりたい」と言いました。すると、お父さんはザイちゃんを抱っこして、病院の院長先生のところに連れて行きました。

お父さんはザイちゃんを膝の上に座らせると、院長先生に言いました。

「院長先生、この子は3歳ですけど、教えてやってほしい。どういう思いで病院を建てたのか、そしてどういう思いで患者さんと向き合っているのか、話してやってくれ」

すると、院長先生は自分の仕事を得意気に話し出しました。

ブンジュ村では、自分の仕事に興味を持った子どもに対して、やりがいや誇り、喜びを語って聞かせます。

誰もが自分の仕事のやりがいについて語れるほど、自分の仕事を愛しているのです。

ある時、50歳くらいのバスの運転手さんが、子どもに向かって、いかに自分の仕事が楽しいか、やりがいがあるかを、コンコンと語っていました。

その熱意としつこさに、子どもは「もうわかったよ～、帰りたいよ～」と、わんわん泣き出していました。

それでも、バスの運転手さんは粘ります。

「いや、まだオレの話は終わっていない！　ここで話をやめたら、どんな気持ちで明日を迎えたらいいんだ」と話を続けるんです。


またある時、バスの運転手さんが、映画『タイタニック』の曲を大音量で流し、大声で歌いながらバスを走らせていました。その様子はまるで「みんな～、聞いてくれよ」と言わんばかり。時には遠い目をしたりして、あまりに曲に入り込んで歌っているので、僕は「事故を起こすんじゃないかな」と心配しながら乗っていました。

でも、周りの乗客は「今日は調子がよさそう」「何かいいことでもあったのか？」と、いたって普通。誰も彼をとがめません。


また、荷物を運ぶ仕事をしている人は、ボロボロの自転車に乗っているけれど、その自転車にお気に入りの風車をつけてゴキゲンで走っています。
みんな自分の仕事を楽しむために工夫し、そして仕事を愛しています。不機嫌な顔で働いている人を見たことがありません。みんな仕事に誇りを持っているんです。

自分の仕事に誇りを持っているのは、男の人だけではありません。ブンジュ村では、お母さんたちも当たり前のようにこう言ってきます。

「ショーゲン聞いて。私は子どもを2人も育ててるの。すごいでしょ?」

いろんなお母さんが、とにかく自分の子育てを大いに自慢してきます(笑)。
ここでは自分の仕事を誇りに思って語る大人ばかりなんです。

10

残業しない理由

ブンジュ村の人は、仕事に誇りを持っているとお話ししましたが、でも、仕事のために自分自身を犠牲にすることは、決してありません。

たとえば、お母さんは家を守り、子育てなどに従事していますが、自分1人で抱え込むということはありません。食事は1日3食をちゃんと作るわけではなく、お腹がすいたら誰かの家で食事を一緒にするという具合です。常にコミュニティで助け合っているのです。

また、朝、仕事に行く途中、知り合いに会って、ついつい立ち話が長くなってしまったという時。

「仕事の時間だから、もう行かなくちゃ」

とは誰も言いません。話をちゃんとし終わってから、仕事に行きます。

みんな仕事に誇りを持っているけれど、それよりも今、目の前にいる人をとても大事にしているのです。それで仕事に遅刻したとしても、文句を言う人もいないのです。

ある日、カンビリさんが絵を描いている途中、いきなり描くのをやめてしまった時がありました。

「カンビリさん、キリンの足、あと1本描いたら完成するのに、どうしてやめちゃうの？」

僕は驚いて聞きました。

「もう仕事を終える時間だから」

カンビリさんは、こともなげに言います。たしかにみんなが仕事を終える15時半を過ぎる頃です。でも、キリンの足をあと1本描けば完成するのに……。

僕にはそれが信じられませんでした。

これはカンビリさんだけではありません。

この村の人は「残業」という考えがないので、「あと1つ荷物を積み終えたら」とか「あと少し売ったら」というような、「あと少し」はありません。

みんな15時半になると、徹底して仕事を終えるのです。

カンビリさんは、さらに衝撃的なことを言いました。

「休む時間を削ってまで、仕事をしているところを誰かに見られたら恥ずかしいよ」

カンビリさんは、いつだって情熱を持ってティンガティンガを描いているけれど、でも、自分の休息を削ってまで、描こうとはしません。

自分の休息を削ってまで仕事を優先するのは、「恥ずかしいこと」とさえ思っているのです。

みんながそこまでして、15時半に仕事を終えるのには理由があります。

ブンジュ村は日が暮れるのがとても早い。電気が乏しい村だから、日が明るいうちしか家族の顔を見ることができません。だから、少しでも長く家族の顔を見るために、みんな早く帰るのです。

どんなに仕事に誇りを持っていても、それ以上に大切なものが何かを知っています。まず自分自身を、そして目の前の人や家族を最優先にしているのです。

11

「私は、あなたのことを信じてる」

ブンジュ村の人々は、いつでも前向きな言葉をかけ合っています。

「あなたのことを、信じてる」

この言葉は、まるで村の合い言葉のように使われています。

ブンジュ村に来てまだ間もない頃、僕が道を歩いていると、すれ違う人が口々に「ショーゲン、絶対、画家としてやっていけるよ」と話しかけてきました。

僕は父に画家になることを猛反対されたのに、この村の人たちは違う。

僕は不思議に思って、いちいち「その根拠は？」と聞いていました。

すると**「オレが言ってるからだよ。オレは自分の言葉に責任を持っているからね。ショーゲン、オレはお前のことを信じてるよ」**と言うんです。

この言葉は、大人だけではなく、子どもも日常的に言います。

「将来はスイカ売りになりたい！」と1人の子が言ったら、周りの友だちは口をそろえて「絶対できるよ。みんなキミのことを信じてるよ」と言うんです。

僕が日焼け止めクリームを顔に塗りたくっていると、「そのクリームで日に焼けないと信じてるよ」とまで言ってくれます（笑）。

「人の背中を一番押してくれるのは『信じてる』って言葉だよ。だからショーゲンも、背中を押してあげたい人がいたら、『信じてる』って言葉をかけてあげてね」

そう村長に言われました。

みんなが信じてくれると、僕も次第に画家になれるって思えてくるんです。

「信じてる」という話で、忘れられないのが「村会議」の出来事です。

ブンジュ村では週に1度、村長の家の離れで「村会議」が開催されるのですが、僕は誰よりも圧倒的な回数で、議題にかけられていました。

理由はさまざまですが、一番多かったのは、僕が「心に余裕がない」ということ。

「ショーゲンは、いつも余裕がない」

「ショーゲンは心に余裕がないから、心がいつもここにいない」

最後には、あだ名までつけられました。「いつもここにいない人」と。


ある日も僕は「村会議」に呼び出されました。「ショーゲンが挨拶しないって、今問題になっているよ。呼ばれているから早く行って」と。

「そんなことない！　いつだって挨拶をしているよ」と僕は思ったけれど、よくよく会議で話を聞くと、２キロ先から手を振っていた人に、挨拶を返さなかったことが、問題になっているとわかりました。

「それは挨拶をしなかったんじゃなくて、見えなかったんです！」

断固として反論しましたが、

「ショーゲンは心の目で見ないから、手を振っている人が見えないんだよ」と。

それはむちゃくちゃだ！（笑）

こんなふうに何度も議題にあがって、その度に心が折れそうになるのですが、最後はみんなでこう言ってくれるんです。

「僕たちは、ショーゲンを信じてる」

「ショーゲン、大丈夫。みんなあなたを信じてるから」

すると、心が救われるんです。

もちろん、どんなに信じていてもその通りにならないことはいっぱいあります。でも「これはこれでいいか」「まぁ、いいか」って思えてくる。

ブンジュ村で生活していると、「こうしなければいけない」ということが、不思議とどんどん消えていくんです。

12

失敗した人は「人間らしいね。かわいいね」

ある日、僕が洗濯をしていた時のことです。

全部手洗いなんですが、僕はいつまでも慣れず、あまりきれいに洗濯することができません。それをごまかして干していたのです。

その様子を見ていたカンビリさんの奥さん、ママ・ジャネッティが言いました。

「ジョーゲン、洗濯物をちゃんと洗えないってこと、うちの子どもたちにも言ってあげて」

僕は一瞬、バレた！　と思って気まずかったのですが、ママ・ジャネッティは、そんなことは気にせず言いました。

「失敗しても誰も責めないわよ。だから子どもの前で、失敗を隠すのはやめてね。失敗する大人を見るから、子どもは安心して未来が描けるんじゃない？」

日本では、失敗しないように大人はみんな頑張っています。でも、この村は違います。

大人が失敗するのを見せることで、子どもはできないことは恥ずかしいことじゃないとわかり、失敗を恐れない子どもになると考えるのです。

その夜、村長がカンビリ家に来て、こんな話をしてくれました。

「たとえば、ショーゲンがこの村でライブペイントをするとする。ティンガティンガは黒、白、赤、青、黄色、緑など6色で描くわけだけど、たまたま黄色を忘れたとする。そんな時は、どうしたらいいと思う?」

僕が、じっと村長を見つめて考えていると、村長が言いました。

「そういう時は、みんなに黄色を忘れてしまったって、正直に言ってほしいんだ。そうしたら子どもは、大人でもそんなことするんだって安心できるでしょう?」

なるほど……。

続けて村長は、こう聞いてきました。

「じゃあ、ショーゲンが黄色を忘れた時、大人はショーゲンにどんな言葉をかけたらいいと思う?」

え? なんだろう……?

**「この村の大人は、『人間らしいね、かわいいね』って言ってあげるんだ。
生きていく上で一番大切なのは、人間らしさ。
年を重ねれば重ねるほど、完璧になっていくんじゃないんだよ。
人は、年を重ねれば重ねるほど、人間らしくなっていくんだ」**

失敗やヘマをすることは、恥ずかしいことじゃない。人間らしい行為であり、かわいい行為だって言うんです。

不完全であるからこそ、愛される存在だということ。だから、失敗した時は、この村では「そんな私って、かわいくない？」ってみんな言います。

そして、そんな様子をそのまま子どもに見せることで、子どもは「完璧じゃなくてもいいんだ」と自分を肯定できるようになるんです。

13

失敗が満員御礼になる日

村人の生活を支えているおもな仕事は農業や養鶏などですが、狩猟も盛んです。鳥やハリネズミなど身近な動物を捕まえては、食事の材料にしたり、子どもたちのおやつにしたりします。

11歳のブラウニーは、村で一番の狩猟の名手。Y字の木にゴムをつけた、いわゆる〝ゴムパチンコ〟で飛ぶ鳥を打ち落とし、ハリネズミやホロホロ鳥は、石1つで仕留めることができるスゴい技を持っています。

「僕が教えたら、みんなもすぐに捕まえられるよ」と、ブラウニーは村人たちに親切に教えています。

そこで、僕もゴムパチンコで鳥を捕まえる方法を教えてもらうことにしました。でも、何時間経っても、いっこうに捕まえることができません。

すると、それまで親切に教えてくれていたブラウニーから笑顔が消え、次第に黙り始めました。僕はそんな空気を察して焦るのですが、それでも鳥を捕まえることはできませんでした。

理由は、目が悪いからです。コツはつかめても、視力が悪くては、さすがに飛んでいる鳥は捕まえられません。

そう気づいた時には、すでにブラウニーはキレ気味でした。

「オレがこんなに一生懸命に教えてるのに、1羽も捕まえられない人は、ショーゲンが初めてだよ！」

そう怒鳴るので「ハリネズミは捕まえたよ」と、僕が言い訳がましく言うと「鳥のことを言ってるんだ！」とさらに厳しく言います。

鳥を捕まえられず、すっかり落ち込んでいる僕を見て、ブラウニーは言いました。

「ショーゲン、プラス思考でいかないとダメだよ」

そう静かに僕を励まし、ブラウニーは帰っていきました。

そこで僕はプラス思考で考えました。

「陸というフィールドが合わないのかもしれない！　じゃあ海へ行こう」

僕はそのまま海へ行きました。

もう夕方でしたが、ちょうど定置網の漁に出る漁師さんがいたので、船に乗せてもらうことにしたんです。夕方から船を出し、夜通し船上で過ごし、朝、網を引き揚げて帰ってくると言います。

夜通しということは……。

「海賊がたまに出るよ」という話を一瞬思い出したけれど、さっきまでブラウニーにかなり追い込まれていたので、僕は気合で船に乗ることを決めました。

それで乗ってみたものの、船の作りがかなり雑です。気がつくとどんどん舟底に海水が溜まってきます。

渡された小さなコップで海水をかき出しながら、沖へと漕《こ》いでいくのですが、僕には海賊より、船がこのまま沈みそうで怖かった！

寝ずに海水をかき出し、漁をした成果は、なんと3メートルもあるマンタ！　大収穫です！

僕らはマンタの大きなヒレに穴を開けてヒモを通し、２人でかついで意気揚々《ようよう》と村長の家に向かいました。まずは村長に見てもらいたかったんです。

「ショーゲン、すごいなー！」「よくやったなー！」と村長はもちろん、その場にいたみんなが大喜びしてくれました。


陸がダメなら海へ。鳥がダメなら魚を。

自分の新しい可能性を、新たな境地を切り拓《ひら》いた1日でした。

その後、村長が僕に言ってくれました。

「挑戦するということは、新しい自分に会えるという行為なんだよ。挑戦には失敗がつきものだけど、いつか失敗のネタが尽きる時が来る。失敗が満員御礼になる時が来る。そうしたら、成功するしかないんだ」


僕のマンタは、青パパイヤと一緒に炒めて御馳走になりました。村長の家に集まっていた人たちと、おいしくいただきましたが、ふと見るとブラウニーもいます。ブラウニーだけが、ちょっと苦い顔をしていた気がしました。

14

言葉より行動

この村の人は、言葉をオブラートに包んだり、選んで話したりすることはあまりありません。だから、最初は傷つくことも多かったんですが、次第にそれが気にならなくなりました。

それは慣れたのではなく、言葉よりも行動が、とてつもなく優しいことに気づいたからです。

たとえば、先の狩猟の名手ブラウニーは、僕に狩猟を教えてくれる時はとても厳しいんです。いつまでも獲物を仕留められない僕に、「オレのプライドを傷つける気か！」って怒鳴ってきます。

でも、僕が絵を描いている時、カンビリさんの家のドアが風で開かないように、ブラウニーがずっとドアの前に立っていてくれたことがありました。何時間も何時間もです。

ドアが風で開くと、外にいる鶏がバタバタと家に入ってくるので、絵が台無しになるんです。

また僕は3回マラリアにかかって生死をさまよったんですが、ブラウニーは毎日、僕の様子を見に来てくれていました。時には炒めたカシューナッツを持って。

こういう話は全部、ブラウニー以外の人が教えてくれたこと。ブラウニーは自分からは言いません。

ある日のこと。僕はめちゃくちゃ腹が立つことがあって、村のはずれにあるヤシの木まで走って行きました。

すると、そこにブラウニーが立っていました。

「ここでも1人になれなかったね」

と、ブラウニーは笑いながら、僕に言いました。

僕がめちゃくちゃ腹を立てた時、いつもこのヤシの木の下に来て1人になっていることを、ブラウニーは知っていたんです。そして今、僕が来ることも知っていた。

さらに、そんな僕を1人にしていたらダメだって、思ってくれていたんです。

ブラウニーがヤシの木の下で、僕を待ってくれているという行動は、ブラウニーが日頃から僕を気にかけ、見守ってくれているからこそできたことです。

この村の人たちの行動は、こんなふうにまさに愛に包まれているんです。

この時もブラウニーの大きな愛の器に、僕を入れてくれた――そう感じました。

そんなブラウニーは、僕の絵を見て「子どもたちのことを、そうやって絵にできるってすごいね」と言ってくれました。

当時、僕は子どもたちに起きた出来事や、村で見たり聞いたりしたことをテーマにして、絵を描いていました。だから、その頃の絵はまさに「僕が感じたブンジュ村」なんですが、それにイチ早く気づいてくれたのがブラウニーだったのです。

ある日、村会議で僕の心のあり方がなっていないと、コテンパンに言われていることをブラウニーが知りました。

すると、自分が参加する日ではないのに村会議に参加してくれて、みんなに向かってこう言いました。

「ショーゲンの絵を見たら、わかるよ」

ショーゲン自身を見ていたら、まだまだ未熟だと感じるかもしれないけど、ショーゲンの絵を見たら、ちゃんと心が育っていることがわかる――と。

15

一番大事なのは、まず自分を大切にすること

ブンジュ村で生活するようになった当初、「ショーゲンを見ていると、ヒヤヒヤする」とよく言われました。

理由は、奉仕の精神が強すぎるから。

それっていいことのように思いますが、この村では違うのです。


ある日、両手に買い物カゴを重そうに抱えているお母さんを見かけたので、僕は持ってあげようと、すかさず彼女に声をかけました。

すると、「ショーゲンには手伝ってほしくない」と言われてしまいました。

困っている人を見たら助けてあげるように、人に親切にするようにって、僕は教わってきました。それなのに、ここでは断られるんです。

そのお母さんは言いました。

「人の心の中には、喜びのグラスというのがあるのよ。自分の喜びのグラスをまず満たして、そこからあふれた時、そのあふれた愛情で、人のためにしてあげたらいいのよ」

彼女には、僕の心の中の喜びのグラスが枯渇《こかつ》しているように見えていたのです。

「自分を絶対に、置いてけぼりにしてはいけないよ」

僕は村長に、何度も何度もそう言われました。

「一番最初に大切にしないといけないのは、自分だよ。
ショーゲンはいつも自分を置き去りにしているように見える。
それでショーゲンの魂は喜んでる？
自分の魂に失礼なことをしてはいけないよ」

村長は、僕の話す言葉、食事の時の様子、食べ方、絵に対する取り組み方など、日々の生活のすべてを見て、自分自身をないがしろにしているように感じていたのです。

心に余裕がなく、何かに追われているように見えていた。また、常に自分に何かを課しているように見えていたのです。

「ショーゲン、まずは自分の心を満たしてね」

村長だけではなく、村長の奥さんにも、カンビリさんにも、3歳のザイちゃんやたまに会う人、たまたますれ違った人など、とにかく顔を合わせた人みんなから、僕はそう言われました。

自分の心を満たさない限り、本当の意味で誰かの力になれないことを、みんな知っているからです。

そして、満たされていない人が、人のために何かをしようとした時、必ずトラブルが起きる、ということも知っているからです。

16

自分が、自分の一番のファン！

ブンジュ村の子どもが、小さい時からお母さんに教えてもらっていることがあります。

それは、

「自分が、自分の一番のファンでありなさい」

ということ。

日本で言うなら「お箸をちゃんと持ちなさい」「寝る前には歯を磨きなさい」というくらいのレベルで、小さい時から叩き込まれるのです。

だから、

「ショーゲン見て！　オレのオレンジのむき方、カッコいいだろう？」

「オレはズボンを上げる位置をちゃんと決めているんだ。そんな自分を愛しているんだよ」

「オレのアボカドの切り方、最高だろ？」

「オレは、自分がやること全部、好きなんだ」

というように、とにかくいちいち、自分のすべてを愛しています。

「自分が、自分の一番のファンでありなさい」ということは、自分に愛を吹き込む行為です。

ある時、村長が言いました。

「愛が注がれたものからしか、愛は与えられないんだよ」

自分自身を愛で満たしていれば、自分の行為のすべてに愛が宿る、というのです。


村では、狩猟をしてきたものを自分でさばき、また飼っている鶏を絞めて食事を作ります。

鶏を絞める時、子どもも大人も必ず、やさしく鶏を抱きしめます。それは命をいただく前の儀式のようにも見えますが、それは鶏に愛を吹き込んでいるんです。

捕まえられる前まで、どんなに羽をバタバタさせていた鶏でも、やさしく抱きしめられ、愛を注がれると、まるで身を委ねるように、おとなしくなります。

こうしてさばかれた鶏は、愛を注がれた料理として、家族みんなで感謝を持っておいしくいただきます。

村長は言いました。

「愛で満たされた人がむいたオレンジは愛に満ち、
食べた人もまた愛で満たされる。
そうしてみんなの心が満たされるんだよ。
だから、収穫する時さえも愛を注ぐんだよ」

自分が自分の一番のファンであること、それは自分に愛を注ぐことになり、それは周りの人にも愛を注ぐことにもなるのです。

17

血の繋がらない家族

ブンジュ村には、「5歳の誕生日が来たら、家族以外で相談ができる大人を自分で決める」という面白いルールがあります。

ザイちゃんが5歳になった時、村長が彼女のところにやって来て聞きました。

「この村で、家族以外で一番、話しやすい人は誰？」

ザイちゃんは「野菜を育てているおばちゃん」と答えました。

すると村長は、「じゃあその人のところへ行こうか」と、ザイちゃんと一緒にその「おばちゃん」を訪ねました。

村長はおばちゃんに、ザイちゃんが5歳になったことを告げ、そしてザイちゃんに言いました。

「ザイちゃん、家族に話せないことがあったら、このおばちゃんに打ち明けてね。そうしたら、おばちゃんがおれに伝えに来てくれる。おれも村長として、おばちゃんと一緒にザイちゃんを助けてあげられるからね」

ブンジュ村では、家族以外に相談できる大人が1人いるということが、子どもの人生を救うと信じられているのです。

ザイちゃんが決めたこのおばちゃんも、子どもの時に、同じように家族以外で相談できる誰かを決めました。だから、ザイちゃんと村長が訪ねてきた時も、「もう5歳になったのね～」とザイちゃんの成長を喜び、ニコニコとその役目を受け入れてくれたのです。

では実際に、家族以外の誰かに悩みごとなどを相談することがあるのかと言うと、実はあまりありません。

というのも、村のみんながお父さんであり、お母さんだから。そしてみんなで助け合って生きているので、誰かが1人で悩みを抱えていたり、何かに困ったり、落ち込んだりという状況にはならないのです。

この村では、血の繋がりはなくても、みんな家族なんです。

それができているのは、多くの物を「共有」してるから、ということが言えます。

ある時、僕は絵を描くために、木枠に布を張ってクギで打ち込んでいました。すると、カンビリさんが「ショーゲン、そのクギは誰の物だと思う？」と聞いてきました。

そのクギは、ブンジュ村の人々の家を、愛を込めて修理している人がずっと大切に使っていた物だと、カンビリさんは教えてくれました。

よく見ると、カンビリ家には、カンビリ家の物ではない物が、たくさんありました。それは包丁であったり調味料であったり洋服であったりと、さまざまです。カンビリ家で所有している物は少なく、多くは数家族でシェアしているわけです。

この村では包丁は貴重品です。料理の時だけでなく、鶏を絞める時にも使いますし、サンダルを直す時にも使います。ジュースのフタを開ける時にも使うので、とにかく大忙しです。だから、今、誰の家に包丁があるかをみんながちゃんと把握しています。「みんなの物」という意識が強いので、とってもとっても大事に使います。

もしジャガイモを切る時、包丁がなければ、切っている人のところへジャガイモを持って行けばいい。「うちのジャガイモも一緒に切って」と言えばすむ話。

ジャガイモを切るために、自分には包丁が必要、と考えるのではなく、包丁を持っている人のところへジャガイモを持っていく、と考えるのです。

外に干してある洗濯物だって、着たい人が着ていいんです。家族かどうかは関係ありません。お気に入りの服を干していて、誰かがそれを着て行ってしまったとしても、この村では「着てくれたんだ」と思うだけ。「自分の物」という感覚が薄いので、問題にならないのです。

物をシェアして使うと、10個あった物が8個に減っていたり、壊れたり破れたりすることもありますが、それで文句を言ったり怒ったりする人はいません。

わざと粗末に扱う人はいないと、みんな知っているからです。ブンジュ村の人は、物を扱う時、赤ちゃんを抱っこするように大切に扱っているのです。

なんでも共有し分かち合うと、血が繋がっていなくても家族になれるのです。

18 人を思う時間

20歳くらいの男友だち2人と僕、合わせて3人で、1泊2日のキャンプに行った時のことです。

キャンプを終えて、それぞれ帰ろうとした時、1人が「ショーゲン、このキャンプで、どういったところに絆を感じた？」と聞いてきました。

この村では「どう感じたのか」という心の会話がすごく多いのです。

僕が、「一緒にカレーライスを作った時、絆を感じたよ」と言うと、もう1人が「僕は一緒に立てたテントの中で、ショーゲンの寝顔を見て、寝息を聞いていた時に絆を感じたかな」と言いました。「今、一緒に生きているんだなって」と。

すると、質問してきた友だちも、「そうそう。オレもそう」と言うんです。

え？　寝息？

……寝顔？

僕がキョトンとしていると、2人は不思議そうな顔で、僕を見て言いました。

「ショーゲンは、友だちの家に泊まりに行ったことがないの？」

「友だちの家に泊まりに行ったら、寝顔、見ないの？」

「え？　友だちの寝息、聞かないの？」

今度は彼らのほうがキョトンです。


僕は今まで友だちの家に泊まった時、わざわざ寝息を聞いたりしたことはありません。

でも彼らは、まるで寝入った子どもを愛おしく見つめる親のように、友だちである僕のことを見つめていたのです。


血の繋がりは関係ない。友だちのことも、まるで家族のように接する。

これがこの村のスタンダードなんです。

19

あきらめる時間が来る幸せ

僕は1日も早く自分なりのティンガティンガを描けるようになりたくて、ひたすら描き続ける毎日でした。1日12時間は描くことを目標に、それこそ朝も夜もなく、また休憩もなく描き続ける日々を過ごしていました。と言っても、19時にはもう太陽が沈んで暗くなりますし、電気が使えるのは1日3〜4時間程度。だから、なんとか描けるギリギリまで粘って、僕はとにかく描き続けていました。

そんなある日、村長がカンビリ家にやって来ました。

日が沈んでも絵を描き続けている僕を見て、村長は「ちょっと、こっちに来て」と、僕を家の外に連れ出しました。

すでに日が沈み、辺りは真っ暗です。

少し歩いたところで村長は道に座り、僕も続けて隣に座りました。

「あきらめる時間が来ることの幸せって、わかるかな?」

村長は静かに言いました。

この村の人たちは、昼の15時半には仕事を終え、夜21時に寝るまでの間、自分の時間や家族との時間を大切に過ごします。でも、そんな時間も取らず、我を忘れて絵を描いている僕を見かねて、村長は訪ねて来てくれたのでした。

「日没になって、薄明かりがついていたとしても、もう真っ暗だよね。だから、すべての作業をあきらめないといけない。ショーゲンは、あきらめるという言葉を、マイナスに捉えていない? でもこの村では、プラスなんだよ。あきらめる時間が来るということは、今から真の休息の時間になるということだからね」

そして、「これは素朴な質問なんだけど」と、村長は僕に聞きました。

「今の日本人は、いつあきらめる時間を作っているの?」

僕は答えることができず、ただ村長の言葉を聞いているしかありませんでした。

「今の日本は24時間、電気がついているよね？　深夜になっても、いくらでも作業できる。そうすると、あと30分作業をしたら、いいものが生まれるって、思ってしまってない？」

たしかに僕ら日本人はそう思ってしまいます。

「今の日本人は、いつあきらめる時間を作っているの？」

村長は再び僕に聞いてきました。

「ショーゲンを見ていたらわかったよ。ショーゲンは、あきらめられないでしょう？　ショーゲンはあきらめることを知らない、あきらめられなかった大人に育てられたんだね。あきらめることを知らない大人に育てられた子どもは、あきらめられなくなるんだよ」

僕は、我を忘れて絵を描いていた自分を思い返しました。

どうしてそんなに絵を描き続けていたのか。

それは、絵を学んだのが遅かったので、とにかく経験が足りなかった。だから、世の中のアーティストに追いつくために、早くいい絵をたくさん描かなければ、画家として一人前になれないと自分にプレッシャーをかけていたんです。とは言え、絵を描くのは楽しかったんです。でも、村長は、このままではきっと僕の心が潰れる、と警告をしてくれたのです。

真っ暗な中で、村長は言いました。

「ショーゲン、一生懸命やること、挑戦することは、いいことだよ。負けたくないっていうのも、大切な感情だよね。でも、心が潰れそうだったとしても、それでもショーゲンは、あきらめることはできないのかい？」

そして、村長は静かにこう加えました。

「ショーゲン、いい作品は、心に余裕がないとできないよ」

人間というのは、本来、日の出とともに起きて、日の入りとともに寝る。そういう生活に近づくことが、真の休息を得ることであり、心身の余裕を生み出すことなんだと、僕はこの日、暗闇の中でそう教えてもらいました。

この村では、心にゆとりを持つことが何より大事にされるのです。

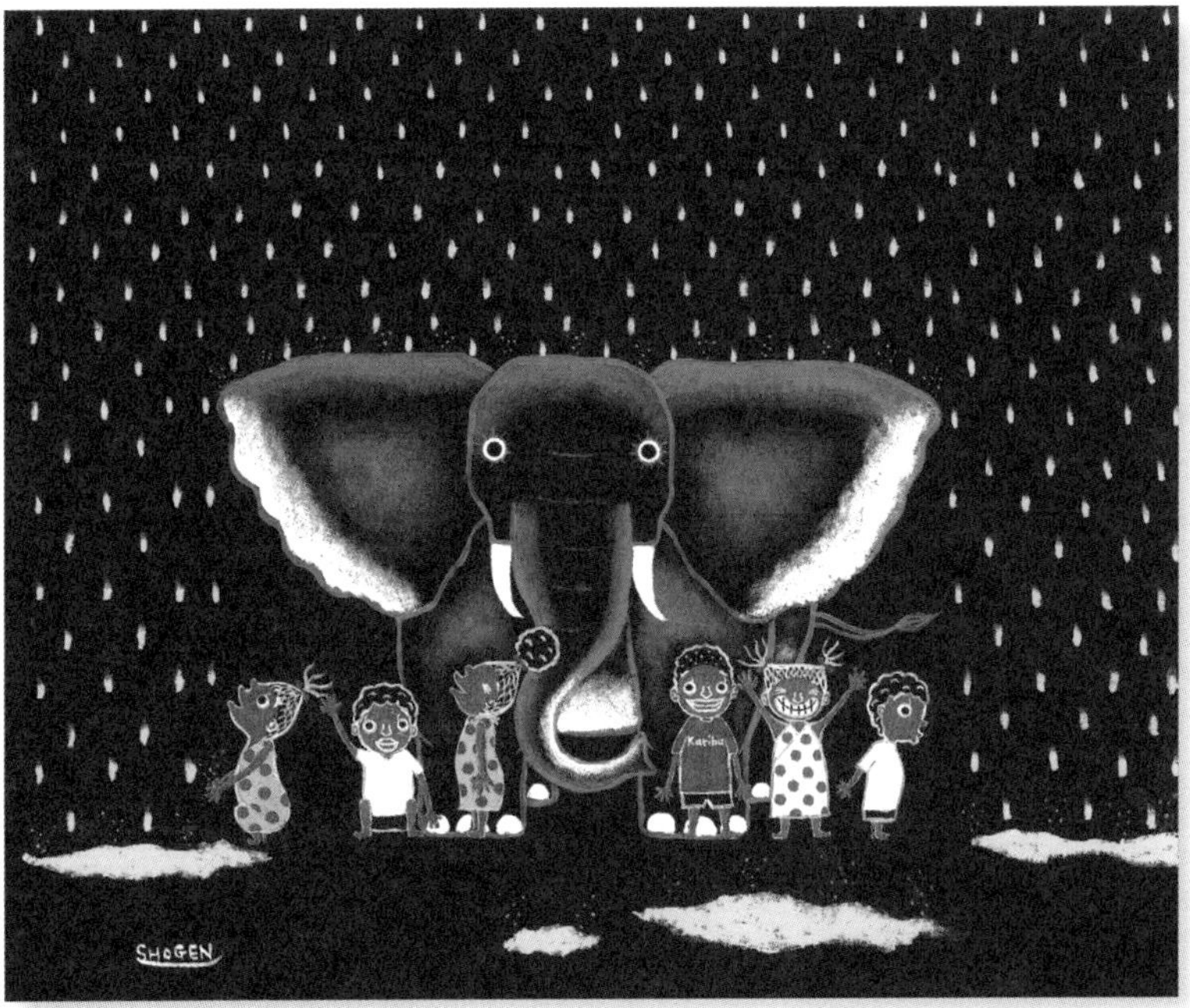
Karibu
SHOGEN

20

夢を叶える意外な方法

「ショーゲン、どうやったら画家としてやっていけると思う?」

ある日、カンビリさんが聞いてきました。

「どうしたらいいんですか?」と僕が聞くと、**「大切なのは、感謝の気持ちを伝えることだ」**と言うんです。

絵が上手になることでもなく、絵を売る方法を考えることでもなく、感謝の気持ちを伝えること? それが画家としてやっていける方法って、どういうこと?

「考えてみて。『感謝の気持ちを伝えに来ました』と言われて、『いや、来ないでください』って言う人はいないでしょ。感謝の気持ちを伝えられたら、みんな嬉しいんだよ」

感謝の気持ちを伝えるという行為は、喜びにあふれた気持ちを伝えるということ。そうすると、自分と同じ喜びを持っている人と出会えるし、喜びを共感し合える会社とも出会える。つまり、喜んで働ける仕事に出会い、行きたかった世界にも行ける。だから、感謝の気持ちを伝えられたら、僕が画家としてやっていくための人や会社にも出会えるよ、とカンビリさんは言うのです。

たしかにこの村の人たちは、一つひとつのことに感謝を伝えています。

たとえば、ザイちゃんは髪型を友だちに褒められたりすると、結ってくれた人のところへ走って、お礼を伝えに行きます。

「見て見て！　髪型のここの丸み、ここがかわいいって言われたの！　とっても嬉しかった～、ありがとう！」

と、身振り手振りを使って、こと細かく精一杯に伝えます。

ある時、僕がイヤホンで音楽を聞いていると、「そのイヤホンはよく聞こえるの？」と友だちが聞いてきました。「すごくいい音だよ」と伝えると、「イヤホンを作った会社に感謝の気持ちを伝えに行った？　行ってないなら今すぐ行かなきゃ」と言われます。

フルーツを食べている時も、「それを作った人にちゃんと感謝を伝えに行った？」とすぐ聞いてきます。

いつも背負っているリュックを見た人から「ショーゲン、そのリュックのヒモ、どれくらい切れてないの？」と聞かれ、「3年は切れてないよ」と言うと「それはすごい！　早く感謝を伝えに行ったほうがいいよ」と。日焼け止めクリームを塗っていたら、「効果があるなら、感謝を伝えに行かなきゃね」と、もう、うっとうしいくらいです（笑）。

カンビリさんは、さらに熱く語りました。

「感謝の気持ちを伝えたいって思う時の心は、どういう状態だと思う？

心に余裕がある時なんだ。

心に余裕がないと、誰も感謝を伝えたいなんて、思えないよね」

僕は心に余裕がない上に、感謝を伝えるのが下手だったようで、「血の通わないロボットのようだ」と言われていました。

ある時、あまりの言われように、僕が落ち込んでいると、女の子がカシューナッツをくれました。すっかりへコんでいたので、その女の子の優しさが身に染みて嬉しかった！　だから翌日会った時、「昨日は本当にありがとう！　あのカシューナッツで僕は心が満たされたんだよ、喜びをもらって元気になれたよ！」と言うと、女の子は「それそれ！　感謝を伝えるって、そういうことよ！」。

感謝を伝えるというのは、「ありがとう」を言えばいいということではなく、思いを伝えることなんだと、僕は10歳の女の子に教えてもらいました。

「感謝の気持ちを伝えると、言われた相手は嬉しいでしょ。それだけで、こっちも嬉しいよね。でも、それだけじゃない。感謝の気持ちを伝えると、たまにすごいことが起きるんだよ」

カンビリさんはそう言いました。

実際、日本に帰って感謝の気持ちを伝えに行った僕に、本当に「すごいこと」が起きたのですが、それはあとでまたお話しします。

21

自分らしく生きる覚悟

僕のティンガティンガが少しずつ評価されて、オーダーが入るようになってきた頃のことです。

その日、僕は日本人のお客さまから頼まれた絵を完成させるために、朝から必死になって描いていました。これが売れたらお金がもらえる、という思いもあって一生懸命でした。

そんな時、村長がカンビリ家を訪ねてきて、僕に聞きました。

「何を描こうとしているの？」

「キリンを描こうとしています」

すると、村長はしばらく僕を眺めて聞いてきました。

「そこに喜びはあるの？」

僕が手を止めて、じっと絵を見つめていると、村長は続けて言いました。

「ショーゲン、歓喜する人間になると、決めてほしい。
自分らしく生きていく覚悟を決めてほしい。
ショーゲンがもし、歓喜もせず、自分らしく生きる覚悟を持てないなら、
すぐにこの村から出て行ってほしい」

この村では、僕以外の村人、子どもから大人までみんな、自分らしく歓喜して生きると決めている、決めていないのは僕だけだって、村長は言うのです。


ブンジュ村の人は、たしかにことあるごとに歓喜します。

たとえば、雨が降った日のこと。

ここでは雨はとても貴重で、水浴びに使える水は雨季であればバケツ2杯、乾季であれば1杯だけ。だから、久しぶりの雨に、ザイちゃんもザイちゃんの友だちのクリスも、みんな大喜びです。

「僕には雨が虹色に見えるよ！　僕は今から雨を食べてくる！」

クリスはそう言って、雨の中に飛び出していくと、空に向かって大きく口を開けました。

すると、ザイちゃんもザイちゃんのほかの友だちも、また大人たちも、みんなクリスのあとに続き、同じように空に向かって口を開けて、雨を食べようとしました。

「虹色の雨を食べよう！」

みんな大喜びで、それはまさに、大人も子どもも歓喜している姿でした。

それに比べて、僕は何にワクワクして、何を喜びと感じ、何に感動しているのか。

「ショーゲンは、自分の心の声に耳を傾けていない」と村長は感じたのでしょう。

村長は、僕のキリンの絵を見ながら言いました。

「それは、自分のために描こうとしているのか？
それとも人のために描こうとしているのか？
人のために描くのはいいけれど、
そこに自分の喜びもないといけない。
人のためにやって人が喜んだとしても、
自分がまったく喜びが感じられないんだったら、

それはやめとけ」

実際、改めて自分の絵を見た時、それはあきらかに注文主を喜ばせるための構図でした。頼まれた仕事であっても、そこに自分の喜びをしっかり見出し、乗せていく。見つけられないならやめていい。

この村では、自分の喜びを、とても大事にしているのです。

自分の喜びにどこまでも寄り添い、その喜びを素直に表現して生きる。それが歓喜する人間です。

自分の喜びを生きていく時、人は自然に自分らしくなっていきます。

「自分らしさ」の手がかりは、喜びなんです。

この村ではどんな時でも「自分らしく生きる覚悟」が問われます。

「たとえば、日本に帰って『あなたのためを思って言うけど、絵なんて稼げないから、やめたほうがいい』と言う人がいても、聞く耳を持つ必要はない。その人が、あなたの人生をなんとかしてくれるわけじゃないのだから。ごちゃごちゃ言ってくる人には、『あなたも自分の心の喜びに集中したほうがいい』と言ってあげなさい」
村長はそう言いました。
そして、歓喜して自分らしく生きる人の足を、歓喜しないと決めている人が引っ張ってはいけない、と言いました。

「ショーゲン、歓喜して自分らしく生きていくと決めてほしい。周りにそういう人がどれだけいるかで、人生は決まるよ」

キリンの絵を前にして、僕は村長にそう言われたのです。

22

思いを丁寧に伝える挑戦

ある日のこと。僕は描きためた絵を日本に送るために、きちんと梱包できるダンボールを探していました。アフリカでは、日本とは比較できないくらいに物資が乏しいので、ダンボールはとても貴重です。ブンジュ村にダンボールはなかったので、バスで1時間半くらいのところにある小さな売店に行くことにしました。売店の主人に、ダンボールがほしいとお願いすると、「2週間後に取りに来て。取っておくから」と言われました。

2週間後、僕はまた1時間半バスに乗って、その売店に行きました。

「ダンボールを取りに来たよ」と伝えると、店主は「ほかの人にあげちゃった」と言うんです。

「取っておいてくれるって言ったじゃないか!」

僕は思わず怒鳴ってしまいました。だって片道1時間半かけて2回も来ている上に、2

週間も待ったんだから。

でも、どんなに怒っても、ないものはない。「もういいよ！」と、僕はまたバスに1時間半揺られて、ブンジュ村に帰るしかありませんでした。

僕がプリプリ怒りながら歩いていると、村長が声をかけてきたので、この経緯を伝えました。すると、

「ショーゲンより、思いの強い人のところへダンボールは行ったんだね」

と、言いました。

思いの強い人？　それなら僕だって、めちゃくちゃほしかった！

すると、村長は僕にこう言いました。

「ただほしいというだけじゃなくて、なぜほしいのか。

そういう思いをちゃんと伝えられたの？

大切なことを、はしょってはいけないよ」

「言っても無駄だ」と僕が言うと、村長は「やってみないとわからないでしょ」と言います。

村長は「自分の思いをちゃんと伝える挑戦をしてきなさい」と、今すぐもう一度、その売店に行くように言うのです。

僕はしぶしぶバスに乗って、またその売店まで行きました。

そして、さっき怒ったばかりの店主に向かって、僕は言いました。

「一方的に怒ってしまってごめんなさい。僕はこの村で感じた温かさを、絵を通して伝えたいんです。日常にあふれる小さな喜びを絵にすることで、日本人に幸せを感じる心や感性を取り戻してほしいと思っているんです。日本に絵を送るために、どうしてもダンボールが必要なんです」

すると、「そうだったのか」と彼は言い、「なぜダンボールがほしいのか、わかったよ。もう1回、2週間後に取りに来て」と言いました。

僕が2週間後、またバスに乗って売店に行くと、今度はちゃんと取っておいてくれました。

ダンボール1枚。これを手に入れるのに、4度もバスで往復して約1か月かかりました。

僕はそのダンボールを大切に持ち帰り、夜寝る前に枕元に置きました。

ほしい物が手に入るということは、こんなにも嬉しいものなんだ——。

僕は嬉しくて嬉しくて涙が止まらなかった。

この日、僕は生まれて初めて、そういう喜びを感じました。

23

思いを伝える「愛のリレー」

この話には、実はまだ続きがあります。

僕がダンボールを無事に手に入れたその日、その売店の主人が「実は、3日前にすごいドラマがあったんだよ！」と、興奮して言いました。

アフリカではダンボールは貴重だとお話ししましたが、売店にダンボールが入ると、みんなこぞってもらいにやって来ます。それを、店主は僕のために、みんなからのお願いをことごとく断わり続けてくれていたのでした。

3日前、バナナやマンゴーを売っているおばあさんも、ダンボールをほしいとやって来たそうです。

「おばあちゃん、すまないが、このダンボールは渡せないんだ」

「でも腰が痛くてね、このバナナやマンゴーを持って帰るためには、どうしてもそのダンボールがほしいのだけれど」

「そうか。それは大変だな。でもね、おばあちゃん。ティンガティンガの絵を知ってるだろう？ 幸せがあふれているあの絵だよ。日本の青年のショーゲンがその絵を描いていて、その思いを日本に届けるために、どうしてもダンボールが必要なんだ。だから、今回はダンボールをあげられないんだ」

僕の思いを聞いたこの店主は、「ショーゲンのために、ダンボールを死守しなければ！」と断り続けてくれていたのです。

でも、店主が僕とおばあちゃんを天秤にかけて、僕にダンボールを渡すのはまた次回でもいいか……と思っても不思議はありません。だって、目の前に腰を曲げてつらそうにしているおばあちゃんがいるんですから。

店主にしてみたら、腰が痛いと言ってダンボールを懇願しているおばあちゃんに断るのは、とても心苦しかったことでしょう。

でも、おばあちゃんは言いました。

「そんな素晴らしい青年がいるんだね。じゃあ、そのダンボールはもらえないねぇ」

そこで彼は言いました。

「よし、僕がカンガ（風呂敷のような布）にバナナとマンゴーを入れて、おばあちゃんの家まで持って行ってあげるよ」

こうして、店主は、おばあちゃんの家までバナナとマンゴーを持って行ってあげたのです。無事に家までフルーツを運んでもらったおばあちゃんは、店主に言いました。

「愛情を込めて収穫したフルーツだけど、あなたが運んでくれたから、さらに愛情が重なり合って特別なフルーツになったわ。あなたのおかげよ、ありがとう」

店主は、おばあちゃんに喜んでもらえたことが嬉しくて嬉しくて、そのきっかけを作った僕に、「ショーゲン、聞いてくれよ！」と、このストーリーを大喜びで話してくれたのでした。

さらに、このおばあちゃんは、バナナやマンゴーを売る時、「たくさんの人の愛が詰まっている果物なのよ」と、お客さんに話しているそうです。

ダンボールがほしかった僕の思い。それを丁寧に伝えたら、それを受け取った店主の思いが重なり、今度は、2人の思いを受け取ったおばあちゃんの思いも重なり、思いがリレーのバトンのように受け継がれていったのです。

僕には最初、店主に対して、「言ってもどうせ聞いてくれない」という思い込みがあった。でも、それを村長は「ショーゲンが、そういうふうに接したからでしょ?」と言います。村長は続けてこう言ってくれました。

「ショーゲン、思いがあるんだったら、自分の思いは必ず伝わると信じるんだ。自分にそう思い込みの魔法をかけるんだよ。自分が幸せになれる思い込みの魔法を、もっと自分にかけたほうがいいよ」

24

2日前のお昼ご飯、何を食べたか思い出せる？

「2日前のお昼ご飯、何を食べましたか？」

って聞かれたら、思い出せますか？

ある時、村長が突然、そう尋ねてきました。僕は一瞬、言葉に詰まり、必死に思い返すものの答えることができません。そんな僕を見て、村長は言いました。

「そうか、ショーゲンにとって、食べるということは作業だったんだね」

作業？

「食事が作業になった時に、生活そのものも作業になるから、気をつけたほうがいいよ」

続けて村長は言いました。

「ショーゲン、2日前のお昼は、うちの家族と一緒に食べてたんだよ。でも、ショーゲンはそこにいなかった」

……僕は冷や汗が出そうでした。

そう言われて、2日前のお昼、たしかに一緒に食事をしたことは思い出しました。でも、村長に聞かれなければ、僕はあの時間を思い出すことはなかったでしょう。

つまり、僕にとって、その時間は「ない」に等しいことだったたって気づいたのです。

「うちの孫だってわかってたよ。ショーゲンがあの時、そこにいなかったたってことは。おそらくショーゲンは、食べながら次の日のこと、1週間後のことを考えていたんだろうね」


その時、その場に、僕がいたかどうか——。

それは、一瞬一瞬、僕の心が今ここにあったか、ということです。


僕は村長から「ショーゲンは作業の会話が多いね」と言われたことがありました。

「明日どこに行く?」

「何を食べる?」

「何をする?」

こういう会話は、作業の会話なんだそうです。その対極にあるのが「心の会話」。

ブンジュ村の人は、「それを食べてどう思った？」「心はどう変わった？」「どう感じた？」という心の会話をしています。その人の本質を引き出す会話をしているんです。

これは、目の前の人と一瞬一瞬を分かち合う、心からのコミュニケーションであり、目の前の人を大事にしているということ。

人だけではありません。

ブンジュ村に生きている人たちは、目の前の物に対しては〝赤ちゃんを抱っこするように〟扱いますし、目の前にいる人に対しては〝抱きしめるように〟話します。

そして、目の前のことに、しっかりすべての心を傾けて生きているのです。

「その一瞬一瞬を味わい、感じるということが、生きるということだよ」

村長はそう教えてくれました。

25

おじいちゃんは、シャーマン

「ショーゲンは、なんでそんなに心に余裕がないんだ？　日本人なのに不思議だな」

「日本人なのにね……」

僕は、さまざまなところで何度もそう言われてきたのですが、「日本人なのにって、どういうこと？」とずっと不思議に思っていました。

そんなある日のこと、僕がカンビリさんと夕食を終えてのんびりしていると、村長がやって来て自分の家に来なさいと言います。

村長の家に着くと村長の奥さんも待っていて、いつになく改まって村長が言いました。

「実は、この村の先輩は日本人なんだよ」

ブンジュ村の先輩が日本人……!?

「うちのおじいちゃんが言ってたんだ」

村長は70歳ですから、そのおじいちゃんと言うと、120〜130年前の人になります。そのおじいちゃんは、村でご祈祷《きとう》とかご神事をやっている、いわゆるシャーマンだったと言います。村長のおじいちゃんは、夢の中で時空を超えて日本人と交信し、いろいろ教わっていたと言うのです。

「今日、誰のために生きる?」

「私はあなたのことを信じてる」

「人間らしいね」

これらの言葉は、村の合い言葉とも言えるほどよく使われているんですが、すべてかつての日本人の口癖だったと言うのです!

「ショーゲンは、この村でいろんなことに感動して、時には涙を流していたね。でもそれは、もともとの日本人の文化に感動していたってことなんだよ」

僕は、ザイちゃんに「言葉は抱きしめるように話すのよ」と抱きしめられた時のことや、流れ星を探しに行こうとする人を止めようとした時、無駄なことの中に幸せがあるって教えられたこと、「今日、誰のために生きる?」って、子どもたちが僕に挨拶をしてくれたことなどを思い出していました。

たしかにブンジュ村で、心が震えるほどの感動をたくさん味わってきました。それが日本人の文化だったとは……。

「おかしな話だよね。僕らは日本人から幸せに生きる知恵を教わったのに、日本人のショーゲンがそれに感動しているなんて。そろそろ取り戻してね。日本人の心を」

日本に帰って、このことを人に話すと、「それ本当の話なの? 本当に日本人から教わったっていう村なの?」と何度か言われたことがあります。

でも、その時も今も、僕は一瞬たりとも疑ったことはありません。

なぜなら、ブンジュ村にいる1年半、村長は深く温かく大きな愛を持って、僕に接してくれたからです。人は、愛情深く丁寧に接してくれた人のことは疑わない。本当の愛をくれた人のことは疑わないものなんです。ブンジュ村で僕はそう気づきました。

26

虫の音を聞ける日本語の秘密

シャーマンのおじいちゃんは、こう言っていたそうです。

「日本人こそがおれたちの先輩で、真のアニミズムなんだ。

自然災害が来ないように、自然に対して手を合わせるという心がみんなの中にある。

地球上で、虫の音《ね》がメロディーとして聞こえる、

虫と会話ができる稀有《けう》な民族が2民族だけいて、

それが日本人とポリネシア人なんだ」

ポリネシア人というのは、太平洋のポリネシアを起源とし、海上を船で回遊している人たちです。

シャーマンのおじいちゃんが、夢の中で日本人からいろんなことを学び、その孫である村長が、その生き方をこの村で実現していたわけです。

「村長には虫の音が、どう聞こえているの？」

僕は不思議に思って聞いてみました。

すると、「おれは牛の鳴き声はちゃんと聞こえるし、気持ちもわかる。鳥の鳴き声も聞こえる。でも、虫の音だけが、工事現場の騒音のように聞こえるんだ」と言うのです。「ガーガー、ガチャガチャ」というように。

村長は飼っている牛を見れば、眠たがっているとか、違う場所に行きたがっているということがちゃんとわかります。その日の太陽を見たら、4日後の太陽の様子まで言い当てることもできます。それほど自然と深く通じています。そんな村長でも、虫の音は「雑音」に聞こえると言うのです。


「日本人は虫と話をするために、日本語を生んだんじゃないかな」


と村長は言いました。自然の中で一番小さくて繊細な声をちゃんとキャッチして、自然と共存共栄して生きていくために、です。

かつて日本人は、世界中で一番、自然から愛されていた人種だったそうです。さらには、「自然ととてもいい距離感で向き合っていて、小さな虫の音にまで耳を傾けることができるほど、ものすごく心に余裕がある人たちだったんだ」と村長は教えてくれました。

ブンジュ村では、村長のおじいちゃんの時代、いや、もっとずっと前から、村に住む人たちは日本人の素晴らしさをよく話していたそうです。だから、この村の人はみんな、長い間ずっと「日本人」に興味津々でした。

そこに僕がやって来たわけですが、当時の僕は「借金取りに追われているのか？」と言われてしまうほど、心に余裕がなかった。

「ショーゲンは、なんでそんなに心に余裕がないんだ？　日本人なのに不思議だな」

日本人なのに……。

そう何度も何度も言われていた意味が、ようやくこの日、わかりました。

村長はさらに言いました。

「虫の音がメロディーとして聞こえる、会話として聞こえる、
その素晴らしさは、当たり前じゃないからね。
なんでそういう役割を日本人が与えられたのか、ショーゲンはもう気づいてるでしょ？
幸せとは何か、本当に大切なことは何か、

それがすでに日本人はわかっているからだよ。

だからそれを伝えていく役割が日本人にはあるんだ。

そのことに気づいてほしくて、ずっとずっとショーゲンに語ってきたんだよ」


そう言われて、何かのスイッチが入ったような感覚になりました。

「日本人として生きていく」

言ってみれば、そういう決意のスイッチです。

相変わらず心に余裕がなく、言葉に体温のような温かさもない僕だけど、そういう日本人になろう！　とスイッチが入った瞬間です。


村長は、こう言ってくれました。

「日本人の血の中に流れる素晴らしい記憶を呼び起こしてね」


そして僕は、そうなると決めたのです。

27

世界語「ムシノシラセ」

ブンジュ村に来た最初の日、村長が僕を見て「日本語、知ってるよ!」と嬉しそうに言ったことがありました。

その日本語とは、「MUSHINOSHIRASE」。そう「虫の知らせ」です。

日本語の「もったいない」や「おもてなし」が、そのまま「MOTTAINAI」「OMOTENASHI」として世界で使われているように、「虫の知らせ」も、日本語の音のまま、世界で使われています。

ただ、日本語の意味とは違い、ブンジュ村では、「自然からのメッセージ」という意味で使います。

村長だけではなく、村の人たちもみんなこの言葉を知っています。そして、日本人は虫と話ができるほど五感が研ぎ澄まされていて、自然と繋がっている——と信じています。

ある日、僕が道を歩いていると、肩に1匹のてんとう虫がとまったことがありました。するると子どもたちが集まってきて、「うわっ、やっぱりだ！」と叫び始めたのです。すぐに20人ほどの人だかりができました。

「みんな見てよ！　ショーゲンに、てんとう虫がとまったぞ！」

日本人である僕は虫と話せるから、てんとう虫は僕を選んでとまったと思っているわけです。

「日本人、やっぱりすごい！」

「ショーゲンは、やっぱり日本人だったんだね！」

みんな興奮し、中には感激して涙を浮かべる人がいるほどでした。

またある朝のこと。

外に出ると、6歳くらいの子どもたちが3、4人、家の前で僕を待っていました。僕を見ると「手を前に出して」と言います。そして、僕の手の平にてんとう虫を載せ、「○○ちゃんのところに、私の言葉を託して飛ばして」と言うのです。

昔の日本人は、虫に伝えたいことを託して、伝えたい人のところへ飛ばした、という話を、子どもたちは村長から聞いていたのです。

「いやいやいや、僕、できないよ」

慌てて言うと、子どもたちは口々に「日本人なのに!?」「日本人なのにできないの!?」と言ってがっかりしていました。

でも、この村では、それだけ日本人の感性を、日本人以上にリスペクトして、期待してくれているんです。

ある時なんて、僕の耳をのぞき込んできた人がいました!

「虫と話ができる耳って、どういう耳か見せて」って。

虫と話せなくてごめんなさい……。


そんな僕を見かねたのか、ある時、村長がゆとりを取り戻す方法を教えてくれました。

まず、**裸足で土を踏みしめること。**

人間は自然から生まれてきたので、土を踏みしめることで、人間らしさを取り戻せるそうです。畑や土道、どこでもいいから裸足で土を踏みしめる。

今で言うアーシングですが、その感覚が一番冴えていて、研ぎ澄まされていたのが日本人だったようです。

裸足で大地に立ち、空を見上げる。
そして虫の音に耳を傾ける。

そうすれば、日本人本来の記憶を取り戻せる、と村長は教えてくれました。

それでもまだ足りなければ、草木を身にまとう。

ブンジュ村の子どもたちは、大きな枝や葉っぱを頭からかぶったり、服にまとわりつけたりして遊びます。人間が人間に戻るために、自然に触れて自然に還るのです。

SHOGEN

28

日本人に虫の音が聞こえなくなった時、地球の破壊が始まる

虫の音が心地よく聞こえる能力を持っている日本人。でも、いったいどれだけの日本人が今、虫の音に耳を傾けているだろう？　そんな心の余裕を持っている日本人は、どれだけいるだろう……。

「口を酸っぱくして言うけどね、ショーゲン、心に余裕を持ってね」

僕は、毎日毎日、そう言われ続けていました。

実際、僕は全然、余裕がありませんでした。

ブンジュ村に来る前、日本では化粧品会社で営業の仕事をしていたので、数字に追われる毎日でした。ノルマや目標を立てて、それを達成するために頑張ることが普通だったのです。

そんなサラリーマン時代は6年2か月でしたが、もしかすると、それよりずっと前から、何かに追われる生活をしていたのかもしれません。

そんなこともあり、絵描きになると決めてブンジュ村に来た時から、ノルマを自分に課し、目標を達成することだけを考えていました。

自然を愛することより、食事を楽しむことより、人と温かな会話を交わすことよりも、絵を描いて目標を達成することに専念してきたのです。

「ショーゲン、空を見上げてる?」って言われても、「もう、うるさいなあ! 絵を描いてる途中だから!」などと言ったこともありました。

村長から「ブンジュ村の先輩」について聞いて以来、いろんな人から何かにつけて、「ショーゲン、思い出してきた?」「日本人の記憶、思い出した?」と聞かれるようになりました。別に彼らは僕を焦らせているわけでも、責めているわけでもないんだけど、僕にとってはすごくプレッシャーになりました。

でも、さらに、とてつもなくプレッシャーになるような言葉を、あの夜、村長から聞いたんです。

「この世が滅亡する時は、日本人に虫の音が聞こえなくなった時だよ。

つまり、自然と対話できる人がいなくなった時に、地球の崩壊が始まる」

そう言えば、ブンジュ村に来たばかりの頃、僕を見て泣いているおばあちゃんがいました。

それは、僕が「虫と話ができる日本人」でも「自然を愛する日本人」でも「心に余裕がある日本人」でもなかったからです。

彼らが想像していた「日本人」とはまるで違う僕を見て、僕を不甲斐なく思い、また未来を不安に思って泣いていたのです。

「ショーゲンは日本人だろ？　だからショーゲンの心に余裕がないということが、オレたちの不安を煽《あお》ることにもなるんだよ」

直接、そう言われたこともありました。

虫と会話ができない僕を見て、もう世界の滅亡が始まると思ったのかもしれません。虫の音どころか、日本人の感性をまるで持っていない僕に、絶望していたのかもしれません。

そんな不甲斐ない僕を見て、涙を流し始めたおばあちゃんは「いろんな日本人がいるから」と、周りの人から励まされていました。

虫の音が心地よくメロディーとして聞こえるのに、聞こうとしないのは、日本人が今、心にゆとりを失っているからです。

「虫の音をゆっくり味わいながら聞く時間を、日常生活の中に作っていくことで、自然と共存し、すべての生命と仲よく生きていくための術を、日本人は理解することができる」

と村長は言っていました。

自然と会話するかのように、虫の音に耳を傾ける感覚を生活の中に取り入れる。それを腹に落とし込んでいくことが大切で、それが世界中の人が幸せに生きていくための鍵となる、ということだと思います。

村長がある日、僕に言いました。

「ショーゲン、なんで日本人は心のゆとりを失ったんだ？
今の日本人は、みんなそうなのか？
空も見上げられない人が多いのか？
誰かに、心のゆとりを持っていかれたのか？

本当の日本人は、そうじゃなかったんだ。
世界中で一番、空を見上げる余裕を持っていたのが日本人なんだ。
取り戻してくれ、今すぐに。
世界中の人が一番大切にしないといけないのは、日本人だとおれは言い切れる。
だから、その感性を取り戻してほしい。
日本人は、心の豊かさと、ゆるがない心の安定を持っている人であってほしい。
それが日本人の役割なんだよ」

29

まず、息を整える

「日本人は、ふだん当たり前にやっている所作《しょさ》の一つひとつを、愛していたんだ。

水を手ですくう時の手の形すら、愛していた。

息を吐いている時の自分、息を吸っている時の自分。それをこの上なく愛していたんだ。

朝起きて、家から1歩目を踏み出した時、左足のつま先が地面を踏みしめる時の感覚、これがもう喜びに感じるんだ。

日常の一瞬一瞬に、一番喜びを感じていたのが、日本人だったんだよ。

人間は、自然の一部なんかじゃない、自然そのものなんだよ」

これは僕が村長に言われた言葉で、今でも胸に刻んでいます。

ある日のことです。すごく嬉しいことがあって、それをすぐにカンビリさんに伝えたくて、急いで家に帰った時がありました。

「カンビリさん、聞いてー！」

嬉しくて興奮している僕を見て、カンビリさんは笑って言いました。

「ショーゲン、まず、息を整えて」

「わかったよ、でもすごく嬉しいことがあったんだ！」

「ショーゲン、まず、息を整えて。今日という日は長いよ」


どんな時も、まず息を整える。

息を整えることで、心にゆとりが生まれるからです。嬉しくて嬉しくて、今すぐ伝えたい時だって、息を整えて、心にゆとりを持つことを、促されるんです。

たしかに、一瞬一瞬を丁寧に味わうと、より深く喜びを味わえるようになるんです。

息を整えると、自分自身の存在をはっきり認識することができ、自分の心の中にある本当の喜びを大切にして生きていこうと、改めて思えるんです。

心にゆとりを持ち、一つひとつの所作や吐く息、吸う息まで意識を向けて味わう。そんなふうに生きることで、小さな日常から大きな幸せと豊かさを受け取って生きているのが、ブンジュ村の人たちであり、かつての日本人だったのでしょう。

30

ブンジュ村から帰ってからの僕

２０１５年、僕はアフリカから日本に帰ってきました。

ペンキ画家として初めての仕事は、北海道にある「ノースサファリサッポロ」という動物園からいただきました。園内にある80メートルの壁に、ライブペイントで描くという仕事です。

近くにあったホームセンターでペンキを買って描いたんですが、描き終えてから見てみると驚きました！　まさにアフリカを思わせるような、明るい生命力にあふれていたのです。突き抜けるような鮮やかな空色に僕は感激しました。

ペンキの缶を見ると、「日本ペイント株式会社」と書いてあります。

その時、カンビリさんから、画家としてやっていくために言われたことを思い出しました。

「大切なのは、感謝の気持ちを伝えること」

「日本ペイント株式会社」をインターネットで調べると、東京の品川に本社があるとわかりました。僕は北海道から羽田に戻ると、空港からそのまま本社へ突撃訪問しました。受付には電話があり、人事部やマーケティング部など各部署に繋がる内線ボタンがあります。僕はまず、マーケティング部に電話をしました。

「感謝の気持ちを伝えに来たのですが、お会いすることはできますか」

感謝の気持ちを伝えに来たと言って、嫌がる人はいない──というカンビリさんの言葉通り、会社の人に会うことができました。そしてその人に、

「こんなに明るい空色を作れるのは、明るい未来を作っていける会社だと思ったので、一緒に仕事がしたいです」

と言うと、その後、なんとスポンサー契約を結んでくれることになったのです。

140年以上も歴史があり、アジアで1位、世界で4位のペンキ会社が初めてスポンサー契約を結んだのが、なんと無名のペンキ画家の僕でした。

カンビリさんは僕に、画家としてやっていくためには、感謝の気持ちを伝えることだと言いましたが、まさにその通りになったのです。

日本のある小学校で、僕はブンジュ村での体験と、この奇跡的な話をしました。

すると、５年生の男の子が「僕はバスケット部に入っています。今使っているバスケットボールがめちゃくちゃ使いやすいので、バスケットボールを作っている会社に感謝の気持ちを伝えに行ったら、何か起きるかな？」と聞いてきました。

僕は「行ってみたらいいよ」と伝えました。

その1週間後のこと。その子のお母さんから電話がかかってきて、本当に男の子が企業に感謝を伝えに行ったことを聞きました。そして「すごいことが起きました」と言うのです。

男の子は、その会社からバスケットボールを２つもらい、さらにプロのバスケットボール選手に指導してもらうことが決まったんです！　さらに、彼がもうすぐジュニアの日本代表になるという、ビッグな話も聞きました。

感謝を伝えると、好きな人と出会い、好きな世界に連れて行ってもらえると、カンビリさんは僕に言いました。そして「たまにすごいことが起きる」とも。

そうなんです、感謝を伝えると、想像以上に「すごいこと」が起きるんです。

ブンジュ村での体験は、それ以外にも僕にいろんなことを教えてくれました。

僕がアフリカに行くと父に言った時、猛烈に反対されました。「そんなことをするために育ててきたんじゃない」と。

でも思い返してみると、僕は父に、いったいどれほど「僕の思い」を語ったでしょうか。

「思いがあるんだったら、自分の思いは必ず伝わると信じるんだ。自分にそう思い込みの魔法をかけるんだよ」

これは村長の言葉です。

僕は最初から「わかってもらえない」と、あきらめていたんじゃないか……。

ブンジュ村でダンボール1枚を手に入れるために、一生懸命に自分の思いを伝えたように、もし父に同じように自分の思いを伝えられていたら、状況は違っていたかもしれません。

「あなたのことを信じてる」

これもブンジュ村でよく交わされる言葉ですが、僕は父を信じていなかったのかもしれません。

「お父さんはわかってくれると、僕は信じている」

今だったら、そう言えます。

日本に帰ってきて数年後のことです。京都で年に1度の、小学校の校長先生と教頭先生が参加するシンポジウムが行われました。そこに僕が選ばれて講演することになったんです。僕はブンジュ村で学んだすべてを語りました。

客席を見ると、そこにはかつて教員だった父がいました。

アフリカ行きを反対していた父が、まさかアフリカでの体験を話す僕の講演を聞くことになるなんて、想像もしていなかったに違いありません。

でも、客席で僕の話を聞いている嬉しそうな父を見た時、もしかすると、父は僕のことを信じてくれていたのかもしれない……と思いました。

でも、「思い込みの魔法」をかけることができず、「どうせわかってくれない」と、最初からあきらめていた僕には、それが聞こえなかった、見えなかったのかもしれません。

「思いは伝わる」という思い込みの魔法をかけると、「あなたを信じているよ」という声も聞こえてくるのかもしれません。

僕の帰国が決まった時、村長は言いました。

「虫の音がメロディーとして、会話として聞こえることが、
どれだけ素晴らしいことか、日本人には改めて考えて、感じてほしい。
ショーゲン、日本人にその素晴らしさをちゃんと伝えてね。
おれは地球にはまだ希望があると思っている。
日本人は1億2千万人もいる。世界は80億人だ。
世界の80人に1人は日本人なんだ。
だから、地球にはまだまだ可能性がある。
地球のために頼むぞ日本人！
日本人こそが世界を真の幸せに導ける人たちなんだから」

僕は今、村長のこの願いを受け継いで、目の前に人がいればブンジュ村で体験したこと、日本人の素晴らしさを伝え続けています。

初めて会った人にも突然話しかけるので「こんな時に話します？」って言われたこともあります。プロローグにもあったように、お風呂に入っていたって話しかけます（笑）。

これまで小学校で、中学校で、高校で、自治体で、会社で、お寺や神社で、セミナー会場で……さまざまなところで話し続けてきました。

村長は、日本人がその感性を取り戻すことを本気で願っているので、僕がちゃんと伝えているかを気にかけてくれています。

「今月は何回、日本人に伝えられた?」と連絡が来るほどです。

2023年9月現在、1万1938回。

村長からは、「聞いてくれた人みんなにわかってもらえなくてもいい。ただ、話し続けることが大事なんだ。話し続けることは、自分も聞き続けていることだから、ショーゲン自身も変わっていくよ」と言われました。


実際、僕は変わりました。

一番変わったことは、心に余裕を持てるようになったことです。

ブンジュ村ではいろんな人から、耳が痛くなるほど「ショーゲンは、なんでそんなに余裕がないんだ」と言われ続けてきたけれど、ブンジュ村の出来事を話すほどに、少しずつ心の余裕が身についてきたように思うんです。

日常にあふれる小さな喜びを伝えているのが「ティンガティンガ」という絵です。

僕は、僕の絵を通して、「ティンガティンガ」から感じた生きるための力、勇気を伝えていきたいと思っていました。でも、その前に大切なことがあると知りました。

日常を丁寧に過ごすということ。

とことん丁寧に。

その繰り返しの先に「生きている」という感覚や喜びを感じ、自然と心に余裕が出てくるように思っています。

今でも僕はやっぱり失敗もするし、足りないところもたくさんあります。でも失敗しても、足りないところや不足があっても、野生の感覚がそれを補ってくれる。そんな僕を、僕自身が信じています。

［番外編］タンザニア日記①

［●月×日］夏の思い出、ファンタのパッションフルーツ味

今日はカンビリさんと休憩がてら、近くの屋台に行きました。

そこで、カンビリさんが毎回注文する「ファンタ」の「パッションフルーツ味」を、僕も注文しました。

カンビリさんは必ずファンタのパッションフルーツ味を頼みます。だから僕は「タンザニアにあるファンタの味は、パッションフルーツしかないの？」と聞いてみると、「タンザニアで売られているファンタの種類は、全部で3種類だよ」と。

残りの2種類はオレンジとパイナップル。

どうやら南国系の味しかないようです。

この3種類の中で、どれが一番人気があるのか聞いてみたところ、1位がパッションフルーツで、2位がオレンジ、3位がパイナップル味とのことでした。

屋台でカンビリさんがファンタのパッションフルーツ味を頼んでも、売り切れになってることが多い理由がわかりました。

カンビリさんは、心にとってもゆとりがある素晴らしい先生なんですが、パッションフルーツ味が売り切れている時だけは、険しい顔になり、舌打ちまでします。

これを、ブンジュ村では「人間らしい」「かわいい」と言います（笑）。

そして、僕らは、今日もまたパッションフルーツ味を注文しました。

今日は在庫がありました。よかった〜。

カンビリさんもご機嫌に。

そして、店員さんがパッションフルーツ味の瓶を2本持ってきてくれて、まずカンビリさんの分の瓶のフタを開けて渡したんですが、その時に冷えておらず、常温であることが発覚しました。

カンビリさんは「パッションフルーツ味は大好きだけど、この暑い中、常温か……」と苦い顔で瓶を見つめました。

店員さんになんとかしてほしいという気持ちをアピールしながらも、もうすでに瓶のフタは開けられてしまっています。

「冷たくないんだけど……もうどうしようもないよな……」

と店員さんに、ぼそっと言いました。

まだ僕の瓶のフタは開けられていなかったので、替えてもらうことはできたと思いますが、カンビリさんが「お前は冷たいのに替えるか？」と切なそうな顔で聞いてきたので、ここで冷たいやつを飲んだらダメだと思って、「僕の瓶のフタも開封してください！」と店員さんに言いました。

この選択は間違っていなかったと、今でも思っています。

その証拠に、横でカンビリさんが「それでいい」と言わんばかりに深くうなずいていました。

2人で無言で飲んだ常温のファンタパッションフルーツ味は、忘れられない夏の思い出となりました。

この風景をブンジュ村では、「人間らしい」「かわいい」と言います（笑）。

（っていうか、ショーゲンさん、そこは冷えたのに交換して、カンビリ先生にあげてやって！笑　ひすい談）

【▲月■日】初めて見た、時間に追われるタンザニア人

今日の夕方４時、近くに住んでいるカンビリさんの友だちが家に訪ねてきました。

彼の名前はスマ。

スマは大きなバケツに、卵をいっぱい入れてやって来ました。

どうやら彼は自分が飼っているニワトリの卵を売って、生計を立てているらしい。

「このバケツに入ってる卵すべて、スマが飼ってるニワトリが産んだ卵なの？」

と僕が聞くと、「そうだよ。全部うちのニワトリが産んだ卵だよ！」と。

５００羽のニワトリを飼っているんだそう。

スマはこう言っていました。

「うちの５００羽のニワトリは１日で１２００個も卵を産むんだ。今日は今のところ半分の６００個は売れたんだけど、残りの６００個がなかなか売れないんだよ」

どうやらスマは、卵をいくつか買ってほしいとお願いをしに、カンビリさんの家に来たみたいです。

スマは疲れ果てていて、ぐったりしていました。

卵があと600個残っているにしても、600個を朝から自分1人で売り歩いたスマは、本当にすごいと思いました。

スマは、カンビリ家のソファーに座り込み、天井を見上げながら、「明日の朝にはまた1200個の卵が産まれているんだ……」と、ぼそっとつぶやきました。

タンザニアには、ポレポレ（ゆっくりゆっくり）という言葉があるように、タンザニア人の性格はまさにポレポレで、のんびりした性格の人が圧倒的に多いのですが、スマのような時間と卵に追われているタンザニア人を見るのは、今日が初めてです。

「500羽のニワトリは食用にしたりしないの？」と僕が聞くと、

「毎日卵を産んでくれるから殺せないよ」

とスマが答えました。

ニワトリが毎日産む1200個の卵のおかげで生活ができているから、ニワトリにはすごく感謝をしているそうです。

しかし、彼の顔はものすごく疲れ果てていて、「もう今日は卵が入ったバケツを持って歩けない」と。

カンビリさんが、そんなスマを見て、何を思ったのか「ショーゲンは、今日、何個卵が食べれられる？」と僕に聞いてきました。

（なんで僕に話を振ってくんねん！）

と思いましたが、僕は今日は卵の気分じゃなかったので「1個も食べられそうにない」と答えました。

カンビリさんが「……ということだそうだ」とスマに言ったので、僕が悪者みたいになってしまいました。カンビリさんは本当に逃げ方がうまいです。

「そうか」と言いながら、スマはゆっくりと立ち上がり、「オレからのプレゼントだ」と言って、カンビリさんに卵を10個ほど渡していました。

「ありがとう！」と卵を受け取るのかと思ったら、カンビリさんが、「この卵は新鮮？」と、いらん質問を、疲れきっているスマにしたもんだから、「新鮮だよ！」というスマの声が、ものすごく乱暴で恐かったです。

卵を販売しにカンビリ家に行ったのに、卵が売れなくて、おまけに卵をプレゼントしたら、新鮮かどうか疑われたんだから、それはムカつきますよね。

スマは来た時よりもストレスを抱え、再び卵の入ったバケツを持って外に出て行きました。

彼は残りの卵600個を売り切れたのでしょうか。

スマ、明日も1200個の卵の販売、頑張ってな！

応援してます！

SHOGEN

part
2

幸せがずっと続く
6つの秘訣

シックス・センス

ひすいこたろう

日はまた昇る

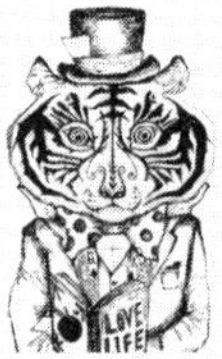

ひすいこたろう

夢の中に迷い込んだような、世にも不思議な村の物語。いかがだったでしょうか。

ここからは、ブンジュ村の教えを、具体的にあなたの日常に落とし込んでいただきたいと思いますが、まずは空を見上げて、一服しましょう。

この空は、ブンジュ村に繋がっている。

僕ら現代人の共通祖先は、ミトコンドリアのＤＮＡ解析の結果、13～17万年前のアフリカの女性に行き着くことが、明らかになっています。

人類は、アフリカから全世界へ広がっていったのです。

今の日本人が失ってしまったように見える、かつての日本人の幸せに生きる感性が、人類のスタート地点アフリカに、大切に大切に〝保管〟されていたのです。

歓喜して生きてきた日本人のみずみずしい精神性が、ショーゲンさんを通して、再び、奇跡的に日本に戻ってきたのです。

そのバトンは、今日、あなたに託されたのです。

幸せがずっと続く秘密

こんにちは。作家のひすいこたろうです。

プロローグで書いた通り、温泉でショーゲンさんに会ったことからこの本が生まれたわけですが、そのご縁で、幸せがずっと続く村、ブンジュ村の解説を頼まれました。

こんな素敵な村長のお話に解説を入れるなんて、恐れ多い話です。とは言え、僕自身も幸せがずっと続く「ものの見方」「考え方」を作家として18年追いかけてきた身です。

さらに、「ニッポンの夜明け」は「銀河の夜明け」だという旗を掲げ、ニッポンの精神性を引き上げたいと、これまで70冊の本を作ってきたので、村長の、

「日本人の血の中に流れる素晴らしい記憶を呼び起こしてほしい」

という願いに胸を打たれ、全力で挑戦させていただきたいと、筆を進めている次第です。

ここからのひすい解説編では、幸せがずっと続く村のエッセンスを、僕ら現代の日本人が、どう日常生活に落とし込んでいけばいいのかにフォーカスを当てたいと思っています。

たとえば、本文の中で、ショーゲンさんがキリンの絵を頼まれて描いてる時に、村長がやって来て伝えた言葉。

「それは、自分のために描こうとしているのか？
それとも人のために描こうとしているのか？
人のために描くのはいいけれど、
そこに自分の喜びもないといけない。
人のためにやって人が喜んだとしても、
自分がまったく喜びが感じられないんだったら、
それはやめとけ」

これを僕らが今、言われたらどうでしょう。
自分のために働いてる？　そこに自分の喜びはある？
なければやめたほうがいい。
いきなり職場でそう言われたら、フリーズしてしまう人もいると思うのです。

そこで、幸せがずっと続く、この村のエッセンスを、僕ら現代の日本人が日常生活に落とし込めるように、6つの秘訣にまとめてみました。

それがこちらです。

1. 小さな幸せが、一番大きな幸せと気づく
2. 自分の本音を大切にする
3. 無駄を大切にする（効率を求めない・今ここを楽しむ）
4. ダメな自分を「かわいい」とゆるす（完璧であろうとしない）
5. 一番身近な大自然、体の感性を取り戻す（五感を磨く）
6. 歓喜する！

そして一つひとつそれを落とし込むために、やってほしい具体的なワーク（WORK）をつけました。この6つの項目にそって解説を進めていきたいと思います。

▼「私」と「あなた」は〝本心〟で繫がっている

ブンジュ村の教えは、徹底的に自分の気持ちを大切にすることから始まるわけですが、するとと「わがままになってしまわない？」と心配に思っちゃった人もいるかもしれません。

なぜ自分の気持ちを徹底的なまでに大切にし、自分を満たすことが大事になるんだと思いますか？

その答えを言う前に、「自分」（私）と「他者」（あなた）との関係を「見える化」しておきましょう。

次のページの図を見てください。

「私」が円だとしたら、「あなた」はどこにいるかと言うと円の真ん中に位置します。

右図は「私とあなた」の位置関係を上から見た図になるんですが、これを横から見ると左図のように砂時計の形になっているんです。上の円が「私」で、下の円が「あなた」だと思って見てください。

自分の真ん中（つまり本心）で、他者と繋がっているのです。

自分の本当の気持ちに嘘をつけばつくほど、この真ん中の通路が狭まり、他者との繋がり（回線）が細くなってしまうのです。

無理して他人にいい顔をしている人は、一番大事な自分に嘘をついているので、他者との繋がりが細くなっていくのです。だから、無理して他人のためにやっていると、必ず問題が起きると村長は言っていたのです。

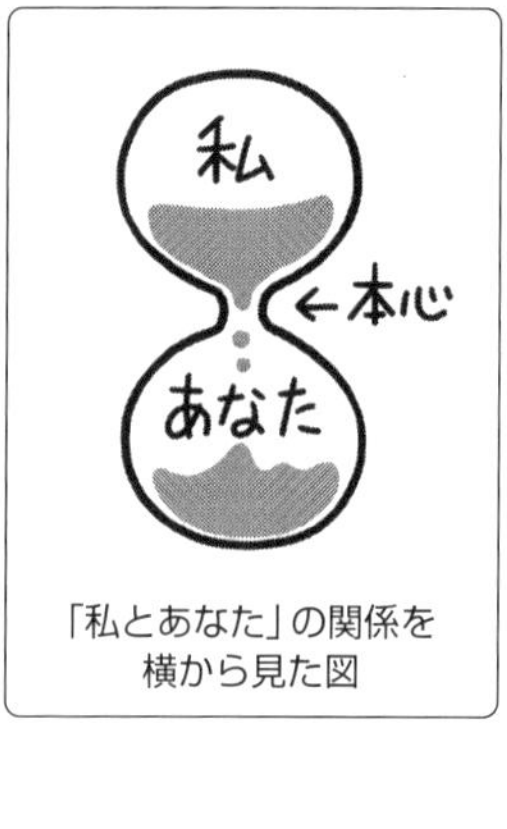

「私とあなた」の関係を横から見た図

「私とあなた」の関係を上から見た図

他人に嘘をつかないのが、他人軸の生き方。
自分に嘘をつかないのが、自分軸の生き方。
大切なのは自分軸の生き方です。
他人に嘘をつかず、いい人であろうとすると、単に都合のいい人になったり、自分に嘘をつくことになりかねません。それでは「私」と「あなた」を繋ぐ回路が詰まり、あなたという宇宙に繋がらない。嘘は他人を傷つけないための方便にすればいいのです。

伊勢神宮の神官・吉川竜実さんは、著書『いちばん大事な生き方は、伊勢神宮が教えてくれる』の中で、**「自己犠牲は、神さまがもっとも悲しむ生き方」**と書かれています。

だって、考えてみてください。もし、自分のかわいい子どもが「私さえ我慢すればうまくいく」とずっと我慢して一生終えたとしたら……。絶対に嫌ですよね。

子どもにこそ、自由に幸せに生きてほしいと望むはずです。親の視点を神さまに置き換えたら、「自己犠牲は、神さまがもっとも悲しむ生き方」だとわかるはずです。

神さまが一番喜ぶのは、誰かが犠牲になることではなく、みんなが心から笑っている生き方です。

▼自分を満たすと周りも幸せになる

徹底的に自分の気持ちを大切にすることは、自分が自分の一番のファンになる生き方でもあります。

どうして徹底的に、極上なまでに、自分を大切にしてあげる必要があるかと言うと、人は、自分の幸せを極め切ると、人が幸せになることを自然に望むようになるからです。

先にあげた6つのことができるようになると、心にゆとりが生まれて、自分の幸せのグラスが満たされ、あふれるのです。すると自己犠牲をすることなく、自然に他者と喜びの中で繋がることができるんです。

ブンジュ村では、外に干した洗濯物を家族じゃない誰かが着て行ってしまっても「着てくれたんだ」と思うだけとありましたが、驚きませんでしたか?

自分を深く満たしていると、気にならなくなることが増えるんです。あなただって、外に干した洗濯物を誰かが着て行っても怒らないはずです。その日に1億円の宝くじが当たって心がハッピーであれば!(笑)。自分が深く満たされていたら、人は争わないんです。

ハーバード大学の調査では、あなたが幸せにあふれて生きていると、それだけであなたが日々接している家族や友人の「幸せを感じる可能性」が15％も高まることがわかっています。あなたが幸せにゴキゲンでいることが、最高の社会貢献になるんです。

▼奇跡的なまでに平和だった縄文時代！

かつて、自分の幸せ（My Happy）が、みんなの幸せ（Our Happy）になっていた時代が、日本で約1万4000年間も続いていたことを知ってください。

1万4000年間も武器を持たずに平和を貫けた、世界的にも例がない奇跡の時代が日本にはあったのです。

それが、縄文時代です！

縄文時代の遺跡は日本全国で9万531か所から発見されていますが、戦闘用と思われる対人用の武器は、まったく出土してないんです（狩猟用のヤジリなどはもちろんありますが対人用の武器は作られていないんです）。外傷によって亡くなった人骨もほぼ出ていない。ごく稀《まれ》にありますが、それも明らかに矢が刺さったような外傷の人骨ではなく、事故で頭を打っただけかもしれない程度。

争いが絶えなかった世界史から見て、これは奇跡と言われています。

日本列島は、平和な時代が1万4000年も続いていたんです。

僕らの血（細胞）には、1万4000年もの間、平和が続いた縄文時代の感性が宿っています。

縄文時代と聞くと、遠い昔の話と思うかもしれませんが、歴史を左ページの図のように土層だと捉えれば、ケタ違いに長い縄文時代は過ぎ去ったものではなく、日本人の心（文化）を形作っているベースとなる根っこだとわかります。

刺身や鍋料理、そして露天風呂を好むのも、僕らの祖先、縄文人の感性の名残《なごり》です。

村長は、「自然と共存共栄する秘密は日本語にある」と言っていましたが、日本語の訓読みの言葉（原日本語・大和言葉）の源流は、縄文時代の話し言葉がベースになっていると言われています。縄文の名残は消えたわけではないんです。

争いを好まなかった縄文文化の名残は、京都御所を見てもわかります。

日本のトップである天皇陛下のお住まいに、お堀がないんです。あまりに無防備。攻めようと思ったら、簡単に攻められる。最初から、戦うことを想定してないんです。

おおらかに、朗らかに、平和的に、喜びを生きてきた1万4000年間の記憶は、あなたの細胞の中にしっかり残っています。この際ですから、根っこから、日本人の血の記憶（血の響き）、細胞の記憶を呼び覚ましましょう。

では、幸せがずっと続く村、6つのエッセンスを一つひとつ解説していきます。

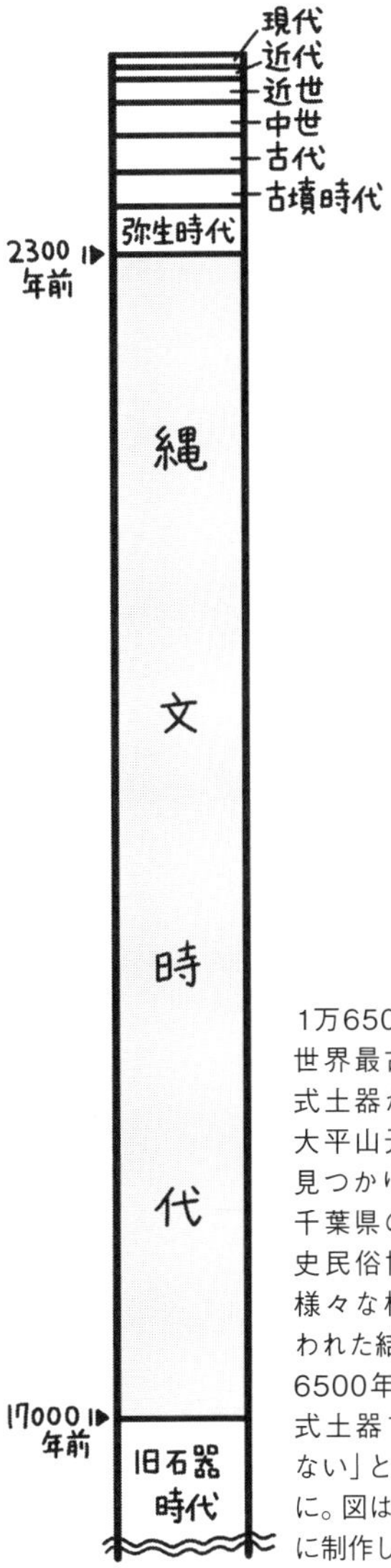

1万6500年前の世界最古の縄文式土器が青森の大平山元遺跡で見つかりました。千葉県の国立歴史民俗博物館で様々な検証が行われた結果、「1万6500年前の縄文式土器で間違いない」という結論に。図はそれを元に制作しています。

1

小さな幸せが、一番大きな幸せだと気づくことから始める

「幸せの3か条」
1つめが「ご飯が食べられることに、幸せを感じられるか」
2つめが「ただいまと言ったら、おかえりと言ってくれる人がいるか」
3つめが「抱きしめられたら、温かいと感じられる心があるか」

[☞p30]

ブンジュ村に伝わる「幸せの3か条」その1は、**「ご飯が食べられることに、幸せを感じられるか」**でした。当たり前のように見える、日常の小さな幸せにちゃんと気づく。ここが幸せの起点となるわけです。

1つワークをやってみましょう。

❶当たり前のようにある今の幸せを、思いつく限り書き出してみてください。

［例］ ●空気が吸える ●心臓が動いている ●目が見える ●耳が聞こえる ●話せる ●ご飯を食べられる ●歩ける ●家族がいる ●仲間がいる……。

ちゃんとノートに書いてみてくださいね(書いてから先を読み進めてください。そうじゃないと、このワークは効果が半減しちゃいます)。

❷今度はあなたの最大最高の願いを1つ書き出してみてください。

パートナーがほしいとか、年収1億円以上とか、海の見える家に住みたいとか、なんでもいいです。一番の願いを1つ書いてください。

書きましたか？ (書いてない方は、まだギリギリ間に合います。今すぐ書いてから次を読んでね)

では、聞きます。

❶で書いた「当たり前の幸せ」の中から3つ差し出してくれたら、あなたが❷で書いた

一番の願いを叶えてあげます、と言われたら、さて、何を3つ差し出しますか？

どうですか？　このワークは友人であり『潜在意識3・0』の著者・藤堂ヒロミさんがやっているワークなんですが、ほとんどの人は交換できないんです。

当たり前に思っていたものが、実は一番の願いをはるかに超える巨大な幸せだったなんて！　と、多くの方がここで気づきます。

大豪邸に住むより心臓が動いているほうが嬉しいし、どんな成功よりも家族やパートナー、大切な仲間がそばで元気でいてくれるほうが嬉しいんです。

目が見えるって本当は当たり前じゃないんです。目が見えない人は、見えることの幸せを誰よりも知っています。目が見えない人同士のカップルは、ずっと相手の顔を触っているケースが多いそうです。それは心の目で相手を感じようとしているわけです。相手をより深く感じる挑戦をしているのです。家族がいない境遇の方も然り。家族がいない中で生きていく挑戦をしているのです。その体験は特別な物語になります。

話は少しそれてしまいましたが、ここで伝えたかったことは……。

当たり前は当たり前じゃなかったんです。
当たり前は、巨大な幸せだったのです。
幸せはなるものではなく、気づくもの。

幸せの第1歩は、自分は幸福だったと知ることなんです。

実は、この本の編集者の真野さんと僕は『しあわせがずっと続く手帳』なるものを毎年出して7年目になります。どんな手帳にするか考える際、最初にタイトルだけ浮かびました。『しあわせがずっと続く手帳』と。

それで、幸せがずっと続くには何をすればいいんだろうと考えた時に、真っ先に浮かんだのが、当たり前の幸せに気づく習慣「ハッピー習慣」だったんです。

「ハッピー習慣」とは、たとえば「空がきれいだった」とか「風が気持ちよかった」とか、どんなことでもいいので、今日ちょっとでも幸せに感じたことを思い出して「は〜、幸せだなー」ってつぶやきながら手帳に書く習慣です。

幸せになるには、「幸せを感じる心」を手に入れるしかないのです。

願いを叶えるだけでは、永続的に幸せになれないことは、僕らは実証ずみなはずです。奥さま方の井戸端会議に出てみてください。旦那さまの悪口で、大変盛り上がっております（笑）。2人がつき合えた時はあれだけ幸せだったのに……。

永続的に幸せになるには、「幸せを感じる心」を育てていくしかないんです。

そのための最高の習慣が「ハッピー習慣」です。

ブンジュ村の幸せのエッセンスを僕らが日常に取り入れていくには、当たり前の幸せに気づくことから始めるといいと思います。

ブンジュ村の「幸せの3か条」。その1つめの「ご飯が食べられることに、幸せを感じられるか」とは、小さな日常にちゃんと幸せを感じられているかってことなんです。

WORK 「ハッピー習慣」を身につける

ホッとする感覚、安心感をまず自分にプレゼントしてあげてください。

ブンジュ村では、「相手を抱きしめるように話す」という教えがありましたよね。毎日お風呂の中で、両手で優しく自分の体を抱きしめてあげてほしいのです。

そして、自分が言われたい言葉をかけてあげる。

「よく頑張っているね」

「幸せになっていいんだよ」

「大好きだよ」などなど。

最初は恥ずかしいかもしれないけど、やってみてください。

幸せのベースは安心感です。安心感は幸せを増幅してくれる、幸せの土壌と言ってもいい。安心感という豊かな土壌に、〝幸せの種〟を植えていくのです。

さらに毎日寝る前に、ノートに「私は幸せです。なぜならば」と、あなたが幸せな理由を3つ書いてください。これが〝幸せの種〟となります。

今日嬉しかったことや感謝できたこと、ときめいたこと、キュンとしたこと、笑えたこと、チャレンジできたことなど「ハッピーと思ったこと」を3つ書いてもいいです。

書く際は、その幸せをもう一度味わうように「は〜、幸せだなー」と声に出してつぶやくといいです。すると、幸せの言霊が細胞の隅々まで染み入ります。

1か月、2か月と書き進めると、このノートがあなたのお守りになります。ノートを見直すと、自分は幸せにいっぱい囲まれた、恵まれた存在だったんだと気づけます。

自分の一番のファンになれます。

あなたが今日感じたことは、1週間後には忘れて、どこにも残りません。しかし、このノートに記したことは、あなたの心を一生温かく包んでくれる思い出になるのです。

2

自分の本音を大切にする

「今日、誰のために生きる？」

［☞p47］

「今日、誰のために生きる？」

これはブンジュ村の挨拶でしたよね。

答えは、「自分のために生きる！」

人生最後の日に、佐藤さんが自分をどう思っていたかなんて、気にする人はいないんです。

自分が自分をどう思っていたか。最後に問われるのは、それしかないんです。

こんな話を聞きました。

あるお母さんは、ふだんから自分の食べたいものを優先せず、いつもお子さんのため、ご主人のためにと、料理をしていました。

ある日、めずらしく自分が心から食べたいものを作ってみようと思った。買い物をしている時から「どれを食べたい?」って自分に問いかけ、楽しく買い物をしてゴキゲンで料理をしたそうです。

すると、食べ終わった家族がこう言った。

「お母さん、なんか、いつもよりおいしい!」

お母さんが自分の気持ちを大切にしてみたら、家族みんなが幸せになりましたとさ。めでたし、めでたし。

喜びの中で自分のためにすることが、実は一番みんなのためにもなったりする。こういうケースって案外、多いと思うのです。

自分を大切にして生きるには、2つの行為があります。

まずは、自分がやりたいことをやってあげること。そして、自分が本当はやりたくない

ことは、やらないであげることです。

それが自分を大切にするっていうことです。

すると、自分の心に嘘がなくなるのです。自分への嘘がなくなると「私」と「あなた」を隔てていた〝詰まり〟（152ページ参照）が消えて、回路が繋がり、心から誰かの幸せを願えるようになるのです。心から誰かを応援したくなるのです。誰かのためにやることが、嬉しくて嬉しくて仕方なくなるのです。

自分を大切にして初めて、他者という宇宙と喜びで繋がれるのです。

▼気持ちを分かち合うと「物」は「物語」になる

この世界で、やらなければいけないことは、そんなに多くないんです。ただ、これだけはやってほしいというのが……自分を大切にすることなんです。

ショーゲンさんのpart1の中で、自分の本心をちゃんと他者に伝えることの大切さが描かれた、ダンボールの話がありました。大事なポイントがあるので、もう一度、ダイジェストで振り返りましょう。

ダンボールを取っておいてもらえず、ふてくされていたショーゲンさん。「自分の思いをちゃんと伝える挑戦をしてきなさい」と村長に言われて、売店の店主に伝えに戻った。

「僕はこの村で感じた温かさを、絵を通して伝えたい。日常にあふれる小さな喜びを絵にすることで、日本人に生きる感性を取り戻してほしいと思っているんです。日本に絵を送るために、どうしてもダンボールが必要なんです」

そうしてようやくダンボールが手に入ったその日、実は3日前にドラマがあったと知らされる。腰の悪い、フルーツ屋のおばあちゃんがダンボールをほしいと頼んできた。店主は、ショーゲンさんの思いを伝えて断ったが、その代わりおばあちゃんの家までフルーツを持って行ってあげた。すると、おばあちゃんは、「あなたが運んでくれたことで特別なフルーツになった」と喜び、この一連の物語をフルーツを買いに来たお客さんに伝えた。こうしてフルーツを通して愛の思い出が広がっていったという話です（思い出したかな？）。

自分の本音を大切にするということは、自分の気持ちをちゃんと丁寧に周りに伝えることでもあります。

すると、ダンボールが、ただの「物」ではなくなったのです。

「日本人に幸せを感じる心を取り戻してほしい」と願って絵を描いているショーゲンさんの純粋な思いが、まずダンボールに乗っかった。その純粋な思いに、売店の店主とおばあちゃん、2人のショーゲンさんへの応援の気持ちが引き出されて、その思いもまたダンボールに乗っかった。

そして、おばあちゃんの家までフルーツを運んであげるという店主の愛が引き出されて、その思いもまたダンボールに乗っかった。そのことに感謝するおばあちゃんのエネルギーも、さらに乗っかった。これはもはや、ダンボールじゃないんです。ダンボールが愛と感謝のエネルギーそのものになったのです。

自分の気持ちを丁寧に伝えたことで、「物」に愛が幾層にも重なり、「物」が「物語」になったんです。

この思い出こそが、プライスレス、豊かさの本質です。

僕らが本当にほしいのは、思い出（愛の物語）なんです。

どれだけたくさん稼いだかでもない。
どれだけたくさん得たかでもない。

どれだけ心を込めて、分かち合ったのか、つまり、愛が目的なのです。
そこが真の豊かさを決めるのです。
僕ら日本人は、そこを忘れてしまったのです。

なんのために忘れたのか？
思い出すためです！

それが一番大切だと気づいたら、もう二度と忘れないから……。

ダンボールが愛の結晶になった物語。起点になったのは、「なぜほしいのか」という思いをちゃんと伝えることでした。

▼気持ちを丁寧に伝え合うことが「平和」の原点

日本の神話『古事記』を研究している加藤昌樹さんは、神話の中の日本の神さまたちの言動を解読していく中で、こう感じたそうです。

「問題は解決するために起きているのではなく、話し合うために起きている」

日本の神さまたちは、何かあるたびに「天《あま》の安河原《やすかわら》」に集まり、お互いに本当の気持ちを伝え合うのだそうです（これを「神集《かむつど》い」と言います）。

そこではまず、感情の先にある本当の「気持ち」（本音）をちゃんと伝える。それを「うん、うん」と受け取ってもらえると、安心感が生まれてきます。

本当の気持ちを受け取ってもらうと心が開いていき、信頼感が生まれてきます。

それを繰り返していくと、愛情が育ち、相手が愛おしくなってきます。すると自然に応援したくなるし、何かあっても、ゆるせるようにもなります。

日本の神さまたちは、言葉を使って気持ちを伝え合い、信頼できる関係を作り、愛おしさでもって世界を作っていったんです。

これを『古事記』では言向和平（ことむけやわす）と言います。

これが日本人の「平和」の原点なんです。

こんなふうに、お互いの本当の気持ちを丁寧に受け取り合っていたことが、1万4000

年も平和が続いた縄文時代の秘密だと言っていいでしょう。

問題は、解決するために起きているのではなく、キミと僕の関係性をより深めるために起きてくれていたのです。

解決より、尊重し合えることが、むしろ本命なんです。村長も、尊重が大事と絶対言ってくれるはずです（笑）。だから、日本は「和の国」と呼ばれているんです。

▼「和える」と「混ぜる」の違い

日本料理の「和《あ》える」を平和の「和」と書くのも、まさに日本的な感性が表れています。「和える」は料理で使う言葉ですが、似た意味の言葉に「混ぜる」があります。料理研究家の土井善晴先生は「和食には混ぜるはなく、和えるしかない」と言っていました。西洋では粉と卵を混ぜ合わせてパンを作るように「混ぜる」ことで、まったく違うものを作り出そうとします。英語にするなら「ミックス」。

一方、日本の「和える」は、それぞれの違い（魅力）を活かしながら、お互いの個性、存在を尊重し、おいしい料理を作る。英語にするなら「ハーモニー」となります。

一人ひとりが自分の本当の心を大切にしながら、無理にひとつにしない。個性がバラバラなままでハーモニーを生み出す。それが「和える」であり、聖徳太子の「和をもって貴《とうと》しとなす」ってやつです。

WORK 自分の本音に気づく

周りに合わせて自分の本音を隠して生きていると、次第に自分の本音がわからなくなってきます。

そんなふうにならないためにも、まずは自分の中にため込んだマイナス感情を、片っ端からノートに書き出してみるといいのです。

「本当はこう言いたかった……」とか「人に合わせてしまったけど、本当はやりたくなかった……」とか「あの上司の言葉に腹が立った」とか、思いつく限り書き出してみましょう。

書き終えたら、ジャッジせず「そう感じてたんだね。よしよし」と言いながら、一つひとつに花マルをつけてあげて、初日は終了です。

翌日、今度は自分が「ブンジュ村の村長だったら」とイメージして、村長になったつもりで、昨日書いたノートをもう一度見渡してみてください。

このステップで、意識が引き上がり、自分のネガティブな感情を俯瞰《ふかん》できるようになります。「認めてもらいたいんだな」とか「私ってこういう時に劣等感を感じるんだな」など、気づきが生じやすくなります。

また、ネガティブな感情の下には「本当はこうしたい」というあなたの希望が隠れていることも見逃さないでください。

もうひとつ、自分の本音を大切にするためには、日頃から自分と対話をすることも大切です。

対話とは、自分に問いかけることです。

心臓に手を当てて、

「今、何を感じてる？」

「何か気になることはある？」

「今日は何を食べたい？」

「本当はどうしたい？　どうなったら最高？」

などと自分に質問するのです。

誰かにわかってもらおうとする前に、まず、自分が自分の本当の気持ちに気づいてあげることが大切なんです。

3

無駄を大切にする（効率を求めない・今ここを楽しむ）

「効率よく考えるのであれば、生まれてすぐ死ねばいい。
人はいかに無駄な時間を楽しむのかっていうテーマで生きてるんだよ。
お前の心のゆとりはどこにあるんだ？
お前の幸せはいったいどこに行ったんだ？」

[☞p7]

無駄な時間を楽しむ。

僕ら現代人が一番忘れていることかもしれませんね。

インド生まれの思想家で、イギリスで国際的な教育機関を運営するサティシュ・クマールさんの小さい頃のエピソードです。

サティシュさんのお姉さんが、お母さんにこう尋ねたそうです。
「お母さんのお裁縫は綺麗だけど、1つのものを作るのに半年や1年かかってしまう。
すぐにできるミシンを探してあげようか？」
それに対して、お母さんはこう言ったのだとか。

「永遠っていう言葉を聞いたことある？
神さまは時間を作る時、不足のないようにたっぷりとお作りになったのよ。
私にとって、時間は使い果たしてしまうものじゃなくて、いつもやって来るものなの。
いつだって明日があり、来週があり、来月があり、来世さえある。
なのに、なぜ急ぐ必要がある？」

時間に追われると、心を亡くしてしまいます。それが「忙しい」という字になります。
でも、時間はいつもやって来てくれるもの。そんなふうに受け取ることが、心のゆとりを生み出します。お金持ちより時間持ち。これが本当の豊かさなんです。

サティシュさんのお母さんは、さらにこう言ったそうです。


「お母さんはね、針を動かしてる時ほど、心が休まる時間はないの。

でも機械に急かされるようになったらおしまい。

それに、機械があれば仕事が減るなんていうのは、嘘だと思う。

年に1枚か2枚のショールでよかったのに、ミシンがあったら10枚のショールを作ることになって、結局はあくせく働くことになる。そうなれば、前よりもずっと多くの布が必要になってしまうわね。

時間を節約したとしても、余った時間で何をすると言うの？

仕事の喜びは、私の宝物みたいなものよ」


仕事の喜び自体が報酬であり、宝物。そんな生き方、最高ですよね。

さらにお母さんはこう言ったとか。

ミシンは金属から作られているけど、世界には限られた量の金属しかない。金属を得るには、地下深く潜って掘り出す大変な仕事をする人がたくさん必要になり、工場も必要になる。ちょっとした便利さのために、人を苦しませたくない、と。ここに現代社会が生んだ問題を、どう乗り越えたらいいのか、大いなるヒントがありますね。

▼日本はよりよい世界を創造する力をすでに備えている

日常の生活を通して人生の質を上げることを仕事にしているライフ・アーティストのサトケン（佐藤研一）さんは、サティシュ・クマールさんのイギリスの大学、シューマッハー・カレッジを訪問した際、サティシュさんにこう言われたそうです。

「どうして日本人のキミたちが来たんだい？　僕らは日本人から生き方を学んだのに」

ここにも日本人から学んだと言ってくれる人がいました。僕らのご先祖さまは、どれだけかっこよかったのか！

サティシュさんにインスピレーションを与えているのは「日本」だそうで、「日本は、よりよい世界を創る力をすでに備えているから、ほかを探す必要はない。自信を持って」と言ってくれたそうです。

「ない」ものに目を向けて、それを得ようと、馬の鼻先にニンジンをぶら下げるかのように、必死に追いかけていくゲームの時代は終わったのです。

今は「ある」ものに目を向けて、丁寧に暮らしを味わい、今ここを楽しむ時代にゲーム・チェンジしているんです。

「高みに登らないといけない」「成長しないといけない」「早く、効率的にやらなければいけない」「無駄なことをしてはいけない」「苦手なこと、できないことがあってはダメ」「何かしなければいけない」という「思い込み」は、昭和に流行ったゲーム設定です（笑）。そろそろ卒業してもいいんです。

無駄を楽しめるのは、心にゆとりがあるからであり、それは、今あるものの価値をしっかりわかっているっていうことなんです。

子どもの頃、砂場で夢中になってお山を作りましたよね。なんの役にも立たない山を夢中で（笑）。あの子どもの頃の感覚を思い出せばいいのです。

最後に2つ、名言をプレゼントします。

「今の人は、みんな『何かをしなければ』と思い過ぎる」――河合隼雄（心理学者）

「ボクは何もしないをしてるんだよ」――『クマのプーさん』

WORK 今ここを楽しむ

週に1回でいいので、「何食べたい？」と自分に問いかけて、ゆっくり丁寧に、時間をかけて自分の食べたいものを手作りしてみよう。料理をしないという人も、案外ハマるかも。

食材は「大地」と繋がっています。家でちゃんと料理すると、「水」を使い、「火」が点《つ》き、「風」が生まれて地水火風の4大元素が動き、自らの人生も動き出します。

料理は地球を食べることであり、家にいながら大自然と直接繋がれる最高の方法だと、サトケンさんは言います。

料理を手作りし、そこに仲間を呼んだら、あなたのコミュニティができちゃいます。

その仲間にこの本をプレゼントしたら、和製ブンジュ村のできあがりです（笑）。

また、温泉に行くのもいいです。特に源泉かけ流しの場所は、大自然のエネルギーに包まれているようなもの。温泉にスマートフォンは持ち込めないし、身も心も裸になることから、「こう見られるべき」といった社会的な自我や役割からも解放されます。

さらに、予定表にまっ先に「ボーッとする（何もしない）時間」を入れるのもおすすめです。

4

ダメな自分を「かわいい」とゆるす

（完璧であろうとしない）

「この村の大人は、『人間らしいね、かわいいね』って言ってあげるんだ。

生きていく上で一番大切なのは、人間らしさ。

年を重ねれば重ねるほど、完璧になっていくんじゃないんだよ。

人は、年を重ねれば重ねるほど、人間らしくなっていくんだ」

[☞p60]

この世界で、一番ゆるしがたいものは、なんだと思いますか？

ダメな自分です。

だから、無意識に自分を責めている人が多いのです。１５２ページでお伝えした、自分と他者のパイプ（砂が落ちるところ）は、自分を責めることでも詰まってしまいます。

でも、そんな自分を受けいれ、認め、ゆるし、愛してあげられたらどうでしょう？

それこそ、この宇宙でもっとも大きな愛です。

だって、この世界で、一番ゆるしがたいものを受けいれ、認め、ゆるし、愛したのですから。

「ゆるせない、嫌な相手」をゆるすって話じゃないんです。「嫌な相手をゆるせない自分」を、「人間らしいね」「かわいいね」ってゆるすんです。

人は、ダメな自分をゆるした分だけ、人に優しくなれます。つまり、ダメな自分をゆるせる人が増えると、そのコミュニティは、優しいコミュニティになるのです。

パーフェクトなものを愛することを、日本語で「普通」と言います（笑）。

不完全なものを愛することこそを、「愛」と言うのです。

「ゆるす」の語源は「ゆるむ」（緩む）から来たそうですから、ゆとりが生まれてゆるんでくると、さらにゆるせるようになります。先にあげた6つの秘訣は、みな繋がっているんです。

▼人間にできてAIにできないこと

僕は昔、赤面症な上に極度の人見知りで、作家になってからも、東京で少人数限定の講演以外は、すべて断っていた時期がありました。とてもじゃないけど、人前で話すなんてできないと。

でも、頼まれたことを断ってばかりいると、新しい扉が開かないよ、と僕を叱ってくれる方がいて、少しずつ挑戦を始めました。

そして、ある日の講演会を境に、何千人いようと講演ができるようになったのです。

その「ある日」は、名古屋での講演でした。初のアウェー。しかも300名も集まっていただきました。僕は緊張のあまり、ステージの真ん中に立てなかったんですね。それで、ステージの真ん中に椅子を置いて、そこに講演会の主催者に座ってもらいました。

会場のみなさんには「僕を見ずに彼を見てください」と伝え、僕はステージ横の緞帳《どんちょう》から、顔を半分だけ出して講演しました。前代未聞の講師です。

それでも緊張は消えず、この日、僕は、もっとも恐れていたことをやってしまったんです。人前でグテグテになり、2時間ほぼ何も話せないということを。

「そんな自分は人間らしいいね。かわいいいね」

——なんて、絶対に思えない、言えない！

その日、がっくりして家に戻ると、講演を聞いた方から多数、メールが来ていました（本の巻末に僕のメールアドレスを載せていたのです）。

恐る恐る読んでみると、みんな絶賛の嵐だったんです。

どういうことだと思います？

「ひすいさんが、あんなにグテグテになるのを見て、なんだか私もやれる気がしてきました。勇気をありがとうございます」

って、たくさんの人が書いてくれていました。

その時、思ったんです。僕が一番見せたくなかった姿に、勇気をもらう人がいるんだったら、飾らず、素のままでいこうって。

「これがリアルな僕だ」って、ステージの上で堂々とグテグテすればいい。堂々とテンパろう。そう思えるようになったのです。「すごいところを見せようとしなくていい」「そのままを見てもらえたらいい」と思ったら、気が楽になったのです。

それから15年間、講演依頼が一度も途絶えてないんです。その人気の秘密は……、
グテグテで飾らないスタイルが、人間らしくて、かわいいからです（笑）。

今では講演会も数千回を数えるほどになったので、さすがにだいぶ流暢《りゅうちょう》に話せるように

なりましたが、ここだけの話、スムーズに話せない頃のほうが、チケットはすぐソールドアウトになっていました（笑）。みんな人間らしいほうが好きなんです。

もうそのまんまの自分で、どこまでもどこまでも楽しめばいいんです。

人は長所で尊敬され、短所で愛されるのです。

WORK 唯一無二の主人公を生きる

人気作家の森沢明夫さんが、魅力的な主人公の作り方を教えてくれました。

「登場人物には2つの武器を持たせる。長所という武器と、もう1つは短所という武器」

短所もその人物らしさを引き立てる武器になるんです。

「長所」×「短所」＝「魅力」

つまり、「欠点」はあなたに欠かせない点だったのです。そこで、まずはノートに自分の長所を思いつく限り書き出してみよう。友だちに聞くのもいいです。

次に、短所や自分のダメなところを書き出すごとに、「そんな自分はかわいいね。人間らしいね」とつぶやこう。短所を受けいれ、認め、ゆるし、愛したら、〝かわいげ〟に化けます。

僕の例は次の通りです。

【長所】素直。純粋。この星を進化させたいと心から思っている。作品を作る時の集中力がすごい。

【短所】1つのことが気になると、ほかのことがまったく頭に入らない。人見知り。忘れっぽい。

ダイエットができない。

短所は書き出したら、その裏側を考えてみよう。
1つのことが気になると、ほかのことがまったく頭に入らない ⬇ 集中力がある。
人見知り ⬇ その分、親しくなった人と深くつき合える。
忘れっぽい ⬇ 今ここに一生懸命。
ダイエットができない ⬇ おいしいものを楽しむことを優先してる（笑）。

これらから考える、長所×短所が織りなす物語を考えてみるのです。僕の場合、「ひすいこたろう」というキャラクターのストーリーは、気の合う少人数のチームで、この星を進化させる作品作りに全集中し、作品ができるごとにおいしいものを食べに行き、そこでまたインスピレーションを得る——となります。

あなたの短所と長所を持つ主人公なら、どんな素敵なストーリーになるか想像してみよう。

5

一番身近な大自然、体の感性を取り戻す（五感を磨く）

「息を吐いている時の自分、息を吸っている時の自分。それをこの上なく愛していたんだ」

［☞p124］

「2日前のお昼ご飯、何を食べましたか？」

どうです？　思い出せますか？

ショーゲンさんが突然、村長にそう尋ねられた話がありましたよね。

そして村長に、こう言われました。

「ショーゲン、2日前のお昼は、うちの家族と一緒に食べてたんだよ。でも、ショーゲンはそこにいなかった」

いたのに、いなかったというのは、考えごとをしていて、心が今ここにいなかったということです。

▼「中今」を生きるとは？

代替医療の世界的権威、ディーパック・チョプラ医学博士によると、僕らは1日に6万回以上の考えごとをしているそうです。毎日、過ぎ去ってしまった過去を後悔し、起こるかどうかもわからない未来の不安に、あれこれ頭を悩ませているんです。1か月にすると180万回も……。どうりで大人になると疲れるわけです。

過去の後悔と未来の不安に、意識が行き過ぎているのです。だから「今ここ」に戻ってくることが大事なんですが、「今ここ」に意識を戻す方法って、実は簡単なんです。

体に意識を向けたとたんに、「今ここ」に戻れるんです。体とは、五感のことです。

意識はすぐに過去にも未来にも飛んでしまいますが、体は、これまで一度だって、過去に飛んだり、未来に飛んだりしたことはないからです。気づいたら、体が1週間後に行っていたってこと、ないですよね？

体はいつも「今ここ」にいるんです。しかも、体こそ、もっとも身近な大自然なんです。

つまり、ゆったり、そして丁寧に五感を味わえばいいのです。

日本の神道では、一瞬一瞬「今ここ」に意識を置いて丁寧に生きていくことを「中今《なかいま》」と呼んで、とても大切にしています。日本の神道には「悟り」という概念はありません。教祖もいません。経典さえありません。

つまり、正しさやゴールを目指す生き方ではないのです。どこまでも、どこまでも、「今ここ」を丁寧に味わい、今を喜んで生きる道なのです。一瞬一瞬がゴールだと言ってもいい。

村長も言っていましたね。

「日本人は、ふだん当たり前にやっている所作の一つひとつを、愛していたんだ。水を手ですくう時の手の形すら、愛していた。日常の一瞬一瞬に、一番喜びを感じていたのが、日本人だったんだよ」

まさに「中今」を生きていたんです。

日常生活を五感を使って丁寧に一つひとつゆっくりと味わうのです。食事だったら、食べる前にまず目で愛《め》でて、触れられるものは手の感触で味わい、香りを楽しみ、そしてゆっくり噛んで味わう。なぜ箸置きがあるかと言うと、口に入れるたびに箸を置いて、一つひとつの食材をゆっくり味わうためです。

皿を洗う時も、皿の感触をしっかり感じ、気づきの中で丁寧に洗ってみる。すると皿洗いが心を整える瞑想になるのです。

丁寧に今ここを味わっていくと、それだけで心が満たされていくのです。

▼日常を丁寧に味わうと生活がアートになる

先に登場した、ライフ・アーティストのサトケンさんのイベントで、マインドフルネスのワークがありました。1粒のレーズンを2分かけてよく見る。それから口に入れて、また2分かけて舌で転がし、よく味わい、そしてゆっくり噛むというワークです。

すると、こんな声が上がったのです。

「唾液がじゅわーっと出てくることに気づき、ほっぺが落ちるって、こういうことかとわかった。作っている人の記憶、映像まで浮かんできた」「2回噛んだだけで唾液と混じり合い、1粒なのに『ブドウジュースだ！』って思いました。これからレーズンを持ち歩こう」「最初はハートを閉ざしていたように感じたレーズンが、徐々に私を受け入れてくれてひとつになれた気がしました」

五感をフルに使って丁寧に味わうと、レーズン1粒で、こんなにも豊かな体験ができるんだとびっくりしました。

サトケンさんが、このイベントで教えてくれたサティシュ・クマールさんの言葉がこちらです。

「歩くこと、掃除すること、洗濯すること、日常すべての行為と丁寧に向き合っていると、それは美しいアートになる」

「行為を楽しみ始める瞬間、その行為は幸せの泉となり、人生は一変する」

WORK 日本人の感性を取り戻す

日本人の感性を取り戻す方法として「息」と「所作」をお伝えします。

まず、「息」。洗濯している時や掃除をしている時など、何をしている時でもいいので、時々、息に意識を向けてみましょう。すると、不思議とそれだけで息が深まっていきます。意識はすぐに呼吸から離れて、また考えごとを始めると思いますが、それに気づいて、また呼吸に意識を向け直す。その繰り返しでOK。

「息」とは「自」らの「心」と書きます。息にそっと意識を向け続けているだけで、心が自然に整い、気持ちもスッキリしていきます。

息をするとは、私とあなたが、同じ空気を分かち合うこと。あなたを生かしている、あなたの中の空気が、吐く息とともに今度は私の吸う息となり、私を生かしてくれる。あなたと私で、息を分かち合って、生き（息）ているんです。もっと息を楽しもう。

そして、もうひとつは「所作」。

日本人のDNAに刻まれているかのように、誰もが不思議と心が整う所作があります。胸の前で、両手を合わせる所作です。

僕らは、食事の前に「いただきます」と両手を合わせるし、お礼する時も無意識に両手を合わせていたりする。

今日から、食事の前に両手を合わせて目を閉じて、3秒ほど手と手の温もりを感じてから、「いただきます」と言いましょう。この所作こそ、太古の日本人の感性を呼び覚ますスイッチなのです。

6

歓喜する！

「歓喜する人間になると、決めてほしい。
自分らしく生きていく覚悟を決めてほしい。
歓喜もせず、自分らしく生きる覚悟を持てないなら、
すぐにこの村から出て行ってほしい」

［☞p92］

この星における「人間の役割」ってなんだと思いますか？
たとえば、ミツバチは花の蜜を集めるだけではなく、私たちの食事に欠かせない野菜や果物の受粉までやってくれています。ミツバチは世界の作物の3分の1を受粉していると言われています。木だって枯れた葉を落とし、土に栄養を与えています。こんなふうに、命は循環し合っています。

では、地球に迷惑かけっぱなしに見える問題児・人間は、どんな役割を背負ってるのでしょうか？

この答えに対し、先に登場したサティシュ・クマールさんはこう言っています。

「人間の役割の中でも、ほかの生き物と比べてもっとも特徴的で人間的なのは、『愛すること』（ラブ）と『祝福すること』（セレブレーション）なんだよ」

祝福する役割とは、美しい木を見つけた時に、詩を書くとか絵に描くとか、称えたり歌ったりすることだそうです。

人間の役割とは、つまりは愛することと、感動を表現することなんです。

僕ら人間は、この星を壊すくらいの自由を天から授かっています。それだけ天は人間に期待してくれてると見てもいい。

その無限大のパワーを、破壊することではなく、愛することと祝福することに使っていったら、地球はすごい楽園になる。それこそが、村長の言う「歓喜する人間」の世界です。

▼〝歓喜代表〟岡本太郎と縄文人

ここで「歓喜する人間」の代表的選手とも思える日本人、芸術家・岡本太郎の人生を紹介させてください。

1970年の大阪万博の象徴的存在となった「太陽の塔」の製作を引き受けることになった時のコメントが印象的なんです。

「私はベラボーなものを作ると宣言した。右を見たり、人の思惑を気にして無難なものを作っても、ちっとも面白くない。みんながびっくりして、何だこれは！　顔をしかめたり、また逆に思わず楽しくなってしまうような、そういうものを作りたかった」

時はモダニズム一辺倒で、未来的なロボットやテクノロジーで埋め尽くされていた万博会場に、突如として原始的な、場違いな感じすらある「大地から生え出た根源的な生命力」

であるベラボーなバカでかい「太陽の塔」を打ち立てたのです。

これぞ、縄文の感性だと思うんです。

プロローグに掲載した縄文時代の火焔型土器の写真をもう一度見てください。

煮炊きに使う器としては、ベラボーです。非日常の聖なる儀式に使われるものだったとしても、ベラボーです。無駄を楽しみ、生きるのを楽しんでいることが伝わってきます。

これだけの美しい装飾を施した古代の土器は、世界にも類がない。

それまでまったく脚光を浴びてこなかったこの縄文土器の芸術性を一番最初に見抜き、「日本が世界に誇るべき美」だと宣言し、縄文ブームの先駆けを作ったのが岡本太郎だったのです。


太陽の塔は、有名な建築家・丹下健三《たんげけんぞう》さんが設計した高さ30メートルの建物（今は取り壊わされている）の真ん中に配置される予定でした。それを、岡本太郎はあろうことか、その大屋根をはるかに超える、70メートルの高さの「太陽の塔」を作ると打ち出したんです。大屋根に穴をぶち開けろと。

「おれが屋根の上に出るんだ」と。

建築チームはかんかんになって怒ったそうです。

しかし、最後には、岡本太郎の情熱に圧倒され、大屋根に穴を開けて「太陽の塔」が突き抜ける形となりました。


岡本太郎、まさに歓喜して生きてますよね。

これが僕ら日本人の源流、1万4000年も続いた縄文の感性だと思うのです。

岡本太郎は、万博のメインテーマである「人類の進歩と調和」に「こんな甘ったるい未来像には反対だ」と真っ向から反対しています。そもそも、進歩が「幸福感に結びついていない」と指摘しています。万博から50年以上が経ち、まさに今、岡本太郎のこの指摘が正しかったことが証明されてしまいました。

岡本太郎は言いました。

「調和？　お互いに頭を下げ合って、相手も6割、こっちも6割、それで馴れ合っている。そんなものは調和じゃない。ポンポンとぶつかり合わなければならない。その結果、成り立つものが調和だ」と。

そんな思いの中、岡本太郎は万博を、

「新しい日本人像を開くチャンス」

と捉え、根源の生命力の爆発、その表現として「太陽の塔」を作り上げたのです。
塔の内部も圧巻です。幹の太さが1メートル、高さ41メートルの巨大造形物「生命の樹」がそびえ立ち、原始生物アメーバから人類誕生に至る40億年に及ぶ生物進化のプロセスを視覚化して、「生命の根源と尊厳」を表現しています。

ここでブンジュ村の村長の言葉にもう一度、戻ります。

「それは、自分のために描こうとしているのか？
それとも人のために描こうとしているのか？
人のために描くのはいいけれど、そこに自分の喜びもないといけない。
人のためにやって人が喜んだとしても、
自分がまったく喜びが感じられないんだったら、
それはやめとけ」

「歓喜する人間になると、決めてほしい。
自分らしく生きていく覚悟を決めてほしい。
歓喜もせず、自分らしく生きる覚悟を持てないなら、
すぐにこの村から出て行ってほしい」

なんだか岡本太郎の生き方が浮かび上がってくるような言葉じゃないですか？

これこそ、古くて新しい、まさに縄文的な、本来の日本人の感性なんです。

僕らの細胞には、空気を読む奥ゆかしい日本人の記憶もたしかにあります。しかし、さらにその根っこには、歓喜を生きてきた膨大な記憶が眠っています。

意識ひとつで、どちらにも繋がれるんです。

僕らの体こそ、無限の可能性を秘めた、最高の宇宙マシンです。

▼今ここ、日常こそ神々と繋がる扉

まずは、自分の本心を大事にすることから始める。そして、歓喜する人間として生きるんです。そうしないと、どこまで行っても不平不満がくすぶり、幸せは感じられません。
とは言え、現実的に特に若いうちは、会社や環境に自分を合わせる必要もあるでしょう。結婚すればパートナーに合わせる必要だってあるし、家族に合わせることも出てくる。楽しいことだけやっていればいいわけでもない。やらなければいけないことを、好きになる工夫だって必要です。

やれることは、全部やったほうがいい。

でも、その上で、キッチリ、歓喜する人間になると決めるんです。

すると、自分にしかできない道が拓けてくる。

大丈夫です。これまで伝えた5つの秘訣を丁寧に積み重ねていけば、6つ目の歓喜の扉、「シックス・センス」が開くはずです。あなたの喜びは、あなただけの喜びを超えて、みんなの喜びに自然に繋がっていくはずです。

かつての日本人は、すべての存在の中に神（精霊・魂）を感じていました。人の中にも、小さな虫の中にも、石ころの中にも、木の中にも、1枚の葉の中にも、星空の中にも、雨粒の中にも、吹いてくる風の中にも、そして、トイレの中にさえも。

古い道具に宿る神は「九十九神《つくもがみ》」と言われ、貧乏や疫病でさえ神の化身、「貧乏神」「疫病神」という言葉がある通りです。

あらゆる現象や物にそれぞれの個性的な神を見てきた日本人。それを「八百万《やおよろず》の神」と呼びました。

だから、日本人にとってはご飯を作ること、食べること、お掃除をすること、生きること、生活すること、そのすべてが神との対話、神との交流だったのです。そして、おおらかに、朗《ほが》らかに、高らかに、笑いの中を生きてきたわけです。

「八百万の神」。

今、あなたが触れているもの、見えているもの、聞こえているものすべてが、深遠な世界の扉、入り口となっているのです。

そんなすごい異世界に生きている僕らがやることはひとつです。

そう！　歓喜して生きること。

WORK 最後に宣言しよう

最後に、自分の体を優しく抱きしめてあげてほしいのです。体をめぐる血の中に、縄文から連なるすべてのご先祖さまの叡智《えいち》が宿っています。10代遡《さかのぼ》るだけでも1024人のご先祖さまがいて、その1人でも欠けたら今のあなたはいません。

そのあなたの体に、こう伝えてあげてほしいのです。

「歓喜する人間になる」と。

両手を胸の前で合わせて、全細胞に優しく深く、響かせるように。

それは、全先祖の願いです。その思いをめぐらせる時、あなたの体の中をめぐる血から〝龍〟が立ち上がる。血流（リュウ）という名の〝龍〟です。

歓喜して生きる。

それが天が僕らに託した、この星での人間の役割です。

―エピローグ―

今日も、自分のために生きる

SHOGEN

日本では図工の授業は週に「1時間」と決まっていますが、ブンジュ村では「1日」取っている学校があります。

テーマは毎回決まっていて、「自分の好きな場所に飾りたい絵」。それを子どもが描きたくなったら描く。「描きたくなる時間」はみんな違うから、その日中に描けばいい、というわけです。

そして、自分で描いた絵を家のどこに飾るか、必ず決めます。さらに、ちゃんとその通りに家に飾ってあるか、先生が家に見に行きます。

これは、自分が描いた絵が、好きな場所に飾ってあることで、その子どもの自己肯定感が高められるということがわかっているからです。

また、小学6年生までに「壁画」を描く授業もあります。

このように、タンザニアではアートをとても大切にしているのですが、それを物語るエピソードがあります。

ある時、公共の壁に子どもが絵を描いていました。すると、警察がそこに近寄って行ったので、僕はてっきり子どもを注意するのかと思いきや違ったのです。

「邪魔しないであげてね。彼女は今、自分を好きになる行為をやっているんだから、みんな黙って見ててね」

と警察官は、周りの人に言ったのです。

家に飾る絵を描くことも、壁画を描くことも「残る絵」を描くということ。

これは、自分に自信を持ち、自分を認めていくという行為で、タンザニアではアートを通して、日常から自己肯定感を高める考え方を持っているのです。

僕は今、海外で個展のお話をいただくことがあるほかは、おもに日本で日本人の素晴らしさを伝えるトークショーや壁画を描くワークショップをしています。

プールサイドの壁やJRの待合所、駅のホームなどに描いたり、面白いところでは幼稚園のバスやゴミ収集車にみんなで描いたりしたこともあります。

ゴミ収集車に描いた時は、自分の絵が描いてあるゴミ収集車を探しに行く子どもがいたり、ゴミの日に家族全員で、子どもの絵が描かれた収集車が来るのを待っていたりします。

壁画を描いた子どもは、後日、自分で描いた絵をながめながら、お弁当を食べたりしています。町営バスに絵を描くイベントには、２歳から90歳のおじいちゃんまで総勢65人が集まりました。

タンザニアのように、僕も「残る絵」「消えない絵」を通して、一人ひとりが自分の素晴らしさに気づける活動を続けていきたいと思っています。

そういうイベントで、僕がみんなに言っていることはひとつだけ。

「自分のために描いてね。お父さんやお母さん、人のために描かないでね」

僕がブンジュ村で教えてもらったことです。

「アートに上手い下手はないよ。自分らしい絵が描けたらＯＫだよ。みんなの今日の心の色は何色かな？　まずは自分の心の色から塗ってみようか」

そう言って描いてもらいます。自分のために、自分らしい表現をすることが大事なんです。

壁画を描くワークショップでは、いつもドラマが生まれます。

ある小学校でのこと。グラウンドの壁に好きな絵を描いてもらいました。お父さんやお母さんの顔でもいいし、のら猫でも、川や魚でもいい。

小学生がわーっと壁に向かっていっせいに描き始めた中、1人の女の子が入っていけませんでした。

その女の子はふだんなかなか教室に行けず、ほとんどを保健室で過ごしている子でした。「あと3分！」と僕が伝えた時、なんとその女の子が勇気を出して、みんなの中に入っていったんです。そして丁寧な筆使いで、みんなが描いた絵の隙間を、緑と青を混ぜた色で塗っていきました。

その後、僕が女の子に「何を描いたの？」と聞くと、女の子は「みんなの心の中に入りたかった。この色が、みんなの心の中に入れてくれる色」と言いました。

みんなと繋がりたい、という気持ちが湧き出して、彼女は筆を動かしたんです。こういう感動的なことが起こるんです。

中には、壁を前にして、なかなか自分の殻を破れず、泣きながら描く子もいます。そして殻が破れた瞬間、またわんわん泣く。それはもう嬉し涙です。こうやって一度自分の殻を破った子どもは、その後、どんなことでも挑戦できるようになります。

絵を描くというと、子どものものと思われがちですが、自分を表現することに、大人も子どもも関係ないんです。

僕は当時、ブンジュ村で出会った人たち、出来事、生活のすべてを絵に込めて描いていました。それは物語となって、愛の表現になっています。


1枚の絵にどれだけ愛を込められるか、愛を託して届けられるか——。


そこに僕はシフトしていきました。

また同時に、僕自身、日々の生活に丁寧に愛を注げる存在になりたいと思っています。だって「愛が注がれたものからしか、愛は与えられない」のですから。

そう考えると、生活そのものが、アートなんだと実感しています。

愛を持って丁寧に過ごす日々は、愛の物語であり、愛のアートになるんです。

これは僕だけではありません、誰にとってもそうなんだと思っています。

丁寧に喜びを感じて生きる。

そのためにすることはひとつ。

自分のために生きること。

「ショーゲン、あなたは、明日も自分のために生きるんだよね。おやすみ」

ブンジュ村での寝る前の挨拶です。

あなたも、自分のために生きてくださいね。

こんな素敵な世界で、空を見上げ、自分のために生きるって最高です。

2023年10月吉日

―エピローグ―

僕らのニュージャポニズム！

ひすいこたろう

日本人の感性を形作っている日本語の秘密を、村長はこう語っていました。

「日本人は虫と話をするために、日本語を生んだんじゃないかな」

日本人は、自然の中で一番小さくて繊細な声をちゃんとキャッチして、自然と共存共栄して生きていくために日本語を生んだんじゃないかと。たしかに、日本語の周波数帯は、125〜1500Hzで、まさに自然音に近い周波数なのです。

京都には「鈴虫寺」という年中鈴虫が鳴いているお寺がありますが、海外では「騒音寺《ノイズ》」と言われています。特に欧米の人にとっては、虫の音はノイズとして聞こえるので、やかましくて入れないくらいなんだそうです。

そして、村長の言う通り、虫の鳴き声や葉がすれる音をメロディーのように美しく感じられるのは、日本人とポリネシア人だけだと研究でもわかっています。

『日本人の脳』の著者・角田忠信教授が、聴覚の違いを切り口に日本人の脳がほかの民族の脳と違う点を生理学的に追究した結果、驚くべきことがわかりました。

日本人が特別と言うよりも、その秘密は「日本語」にあるとわかったのです。

その日本語の秘密を僕は『ニッポンのココロの教科書』という本で書かせてもらったことがありまして、そこから引用しますね。

西洋人は虫の音を、ノイズ（雑音）を処理する右脳の音楽脳（意味あるものとしては受け取らない脳）で処理するのに対し、日本人は虫の音を左脳の言語脳で、会話のような「声」として受けとめる、と実験で明らかになっています。

日本人の脳は、虫や動物の鳴き声、波、風、小川のせせらぎなどを、ノイズではなく「言語」として捉えることがわかったわけです。

春の小川はさらさら流れるし、秋の虫はチンチロチンチロ、スィッチョンスィッチョンと鳴くし、桃が川を流れる音は「どんぶらこどんぶらこ」なんです（笑）。

そして、自然の音を、人の声と同じように聞きます。だから、日本語は、自然界の音・声を象徴的に表したオノマトペ（擬音語・擬声語・擬態語）が圧倒的に多いんです。これは縄文大和言葉の名残と言われています。

たとえば、「風がそよそよ吹く」。これ、風の音を聞いてるわけではないんです。どんなに耳を澄ましても風の音は「そよそよ」とは聞こえてこない。音ではなく、風の「声」を聞いているのです。

村長の言う「日本人は虫の音が聞こえていた」というのはこの感性のことでしょう。その感性は、今も日本の漫画の中に色濃く息づいています。漫画はオノマトペだらけです。たとえば、静かな場面は「シーン」と描かれます。静かな時、シーンって音はしてないんです。「シーン」は空間の「声」として聞いているんです。

言葉は、民族が歴史の中で培ってきた感性が映し出されたものであり、言葉こそ文化です。日本語には、日本人らしさが内包されているのです。

そして、日本語は歴史上、戦争などによって一度も言葉を失うことなく現在に至っている、奇跡的に守られた稀有な言語なのです。

村長の言う通り、日本語が〝日本人〟の感性の秘密なんです。

日本人とは〝日本語族〟なわけです。

そして、面白いのは、外国人であっても、日本語で育てられると、完全な「日本人脳」に変わるのだそうです。

なぜ変わるのか。日本語と外国語には、決定的な違いがあったのです。それが「母音」です。これは、世界でも類を見ない、母音を主体とする日本語の特徴から生まれてくる違いだそう。お隣の韓国や中国系の方も言語から考えると、脳は完全に「西洋型」です。

実は、日本語の特性となる母音が、自然の音と共鳴しやすいのです。

ここからは、音楽を言語の研究からひも解いた傳田文夫《でんだふみお》氏の研究になりますが、日本人が情緒を感じる音には共通点があるというのです。

たとえば風の音と言える風鈴や、ひぐらしの鳴き声、鶏の鳴き声しかり、どれも音と音の間に不定期な「間」があるということ。子音が弱く、音がいつのまにか「母音」になっていくという共通点です。

「ゴオオ――――ン」(Gooooooooooon) というお寺の鐘の音。この母音(「オ」〈O〉)の余韻に情緒を見出すのが、日本人の感性なんです。

歌舞伎や民謡や童謡、演歌には、母音の余韻を引っ張って歌う日本人の感性がもろに出ています。演歌が、こぶしをきかせて歌うのも、実は母音を味わっているわけです。日本語のルーツは、なんと1万年以上も遡ることができる、世界でも類を見ない珍しい言語なんです。生まれた時から日本語を学んできた僕らは、生まれた時から自然と共感共鳴できる感性を培ってきたとも言えるのです。

しかし、心にゆとりを失い、この感性を今、日本人は眠らせてしまっています。ブンジュ村の村長や村の人たちはそれを心配し、その復活をショーゲンさんに託しました。とてつもない愛を持って、ショーゲンさんの中に眠る日本人の感性を、呼び覚ましてくれたのです。

僕らの血に眠るその感性を呼び覚ます時は、まさに今です！

待ったなし！

最後に、「ジャポニズム」の話をさせてもらって、ブンジュ村から受け取ったバトンをあなたに託したいと思います。

19世紀後半、ヨーロッパとアメリカに「ジャポニズム」と言われる一大日本旋風が巻き起こりました。

当時、ヨーロッパに輸出するための陶磁器を、今で言う新聞紙のようなもので包んでいたわけですが、そこに印刷されていたのが葛飾北斎の漫画や浮世絵でした。

その斬新な構図、モチーフ、色彩感覚があまりに新しいと、北斎の浮世絵を始め、日本のアートがヨーロッパやアメリカでブームになったのです。

そして、モネやセザンヌ、ゴーギャンといったそうそうたる画家に大きな影響を与え、当時のフランス絵画界を席巻しました。

当時、パリでは「家に日本の浮世絵があるんだ。見に来ない?」というのがデートの誘い文句になるほどでした。

ゴッホも数百点に及ぶ浮世絵コレクターであり、何枚も模写したそうで、その影響は作品にもはっきりと見てとれます。ゴッホは浮世絵を「新しい発見」だったと語っています。

アメリカのアンディ・ウォーホルがポップアートとして芸術を大衆のものにしたと言われていますが、日本では江戸時代というとっくの昔から、アートは庶民のものだったんです。

19世紀後半の、葛飾北斎を代表とするジャポニズム旋風は、「西洋画壇を100年進化させた」「西洋の美意識を変えた」と言われています。

僕らの先輩が、西洋の美意識を100年進化させたと言われてるんです。ヤバいですよね。後輩である僕らも、この星の精神性を100年進化させて、「ニュージャポニズム」と言われるような大旋風を巻き起こすことを託されているんじゃないでしょうか。

2020年、日本のパスポートのデザインが28年ぶりに刷新され、葛飾北斎の浮世絵「The Great Wave」を始めとする『冨嶽三十六景』が基本デザインとなりました。これは日本人の集合無意識が、日本人代表として葛飾北斎を選んだと僕は見ています。2024年には、千円札の裏面も北斎の浮世絵になります。パスポートも紙幣もその国を象徴するものです。

つまり、「北斎に続け」ってことですよね？

「いや、もう自分、いい年だから」と思った方、北斎が代表作『冨嶽三十六景』を発表したのは70歳頃ですからね。

こんまりさんこと近藤麻理恵さんの『人生がときめく片づけの魔法』（サンマーク出版）は世界的なベストセラーになり、全米でも1位を獲得。さらにネットフリックスで世界配信されたこんまりさんのお片づけ番組は、アメリカのテレビ番組の最高峰であるエミー賞を受賞しました。

ときめく物を残し、そうじゃない物は「これまでありがとう」と感謝して手放すのが、こんまりさんのお片づけメソッドですが、捨てるものに感謝するという発想が海外ではあまりに新しかった。

お茶を茶道にしたように、お片づけを「道」にしたとして、ジャパニーズクールと称えられているのです。

でも、物にも魂が宿るという感性は、日本人の僕らからすると、普通に馴染める感覚ですよね？

こんなふうに、僕らが当たり前のように持っている感性が、地球の宝になり得るんです。日本的感性が、この星の精神性をグンと進化、深化させ得ることを、こんまりさんは証明してくれました。

まさに「ニュージャポニズム」です。

次は、あなたの持ち場で、ニュージャポニズム旋風を巻き起こしてほしい。そう願って、僕はずっとこの本を書いていました。

せっかくこの時代に生まれてきたんです。
日本人の役割を背負い、「The Great Wave」を巻き起こしていきましょうよ。
そのことをずっとずっとずっと願っていたのが、ブンジュ村の村長です。

日はまた昇る！

最後の最後に、もう一度、村長の次の言葉を味わっていただきたい。

「世界の80人に1人は日本人なんだ。
だから、地球にはまだまだ可能性がある。
地球のために頼むぞ日本人！
日本人こそが世界を真の幸せに
導ける人たちなんだから。
日本人の血の中に流れる
素晴らしい記憶を呼び起こしてね」

ダマス村長

村長は、この本を楽しみにしていてくれたそうです。

空から見ててね。

僕らは、今日、空を見上げるから……。

2023年 10月吉日

この本を製作中に天に召された村長に捧げます。
あとは、僕ら日本人がしっかり受け継ぎます！

《 STAFF 》

ブックデザイン：穴田淳子（a mole design Room）
絵：SHOGEN
本文イラスト：おえかきまっつん画伯
虎タロウイラスト：purinDECICA
編集協力：柿原良美
編集担当：真野はるみ（廣済堂出版）

《 スペシャルサンクス 》

ミッチェルあやか（編集Brain）
藤堂ヒロミ・サトケン（佐藤研一）・平垣美栄子・
はせくらみゆき・加藤昌樹・崔燎平・小林陽子・
重岡昌吾（ゆの里）・湯河原リトリート ご縁の杜

写真提供：十日町市博物館蔵
〈国宝 笹山遺跡出土火焔型土器（指定番号1）〉

出典・参考文献

『しあわせがずっと続く手帳』――ひすいこたろう（廣済堂出版）
『ニッポンのココロの教科書』――ひすいこたろう　ひたかみひろ（大和書房）
『令和の時代が始まりました！　日の本開闢と龍体文字』――はせくらみゆき　森美智代（徳間書店）
『潜在意識3・0』――藤堂ヒロミ（サンマーク出版）
『エレガント・シンプリシティ』――サティシュ・クマール　辻信一（NHK出版）
『日本人の脳』――角田忠信（大修館書店）
『縄文文化が日本人の未来を拓く』――小林達雄（徳間書店）
『いちばん大事な生き方は、伊勢神宮が教えてくれる』――吉川竜実（サンマーク出版）
『神道の源流「縄文」からのメッセージ』――吉川竜実（バンクシアブックス）
『縄文文明』――小名木善行（ビオ・マガジン）
『料理と利他』――土井善晴　中島岳志（ミシマ社）
『英国シューマッハー校　サティシュ先生の最高の人生をつくる授業』――辻信一（講談社）
『微笑みを生きる』――ティック・ナット・ハン　池田久代訳（春秋社）
『太陽の塔』――編著 平野暁臣（小学館クリエイティブ）
『目で見る経済』――東洋信託銀行（1970）
『芸術は爆発だ！　岡本太郎痛快語録』――岡本敏子（小学館）

ひすいこたろう

作家・幸せの翻訳家。

「視点が変われば人生が変わる」をモットーに、ものの見方を追究。衛藤信之氏から心理学を学び、心理カウンセラー資格を取得。2005年『3秒でハッピーになる名言セラピー』がディスカヴァーMESSAGE BOOK大賞で特別賞を受賞しベストセラーに。他にも"武士道"をアップグレードした『あした死ぬかもよ?』(ディスカヴァー・トゥエンティワン)、日本文化の"予祝"をアップグレードした『前祝いの法則』(フォレスト出版)などベストセラー多数。『人生最後の日にガッツポーズして死ねるたったひとつの生き方』(A-Works)はぜひ読んでほしいニュージャポニズムな1冊。この星の精神性を100年進化させる、「この星のドラえもんになる!」という旗を掲げ日夜邁進。YouTubeにて「名言セラピー」をほぼ毎日配信中。

▶次はYouTube「名言セラピー」で逢いましょう。

▶最新情報はLINE公式アカウントから。
QRコードからいま登録いただくと、ひすいお気に入りの4つの名言解説音声をプレゼント中! https://lin.ee/eCQFwXM

▶ひすいのオンラインサロン「ひすいユニバ」
https://hisui-universe.com
月2回スペシャルレクチャーを配信。いろんなツアーやイベントもやってます。

SHOGEN(ショーゲン)

1986年、京都府京丹波町生まれ。ペンキ画家。

ある日「ティンガティンガ」というアフリカのペンキ画に心惹かれ、翌日には会社を辞め、何の伝手もないまま単身アフリカへ。ティンガティンガ村からブンジュ村へ渡り、そこで村人と共に生活をしながら絵の修業を許された「唯一の外国人」として絵を学ぶ。また同時に、村長を始め村人たちとの交流により「人の生き方の本質」を学び、帰国後は全国を回りながら、「日本人の素晴らしさ」「幸せになる生き方・考え方」を伝えるべくトークショーを精力的に行っている。ティンガティンガの「人々を幸せにする絵」という精神のもと、「SHOGEN流」として、国内外で個展を開き、また小中学校や神社仏閣、各種施設などでワークショップも開催している。

▶公式LINE https://lin.ee/eKHmzKi

▶YouTube 「ペンキ画家SHOGEN african paint artist tinga tinga」
https://youtube.com/@shogenafricanpaintartistti7379

▶SHOGENオンラインショップ https://shogen.official.ec/

今日、誰のために生きる？

アフリカの小さな村が教えてくれた
幸せがずっと続く30の物語

2023年11月３日　第１版第１刷
2024年12月７日　第１版第11刷

著　者　ひすいこたろう　SHOGEN
発行者　伊藤岳人
発行所　株式会社 廣済堂出版
〒101-0052
東京都千代田区神田小川町2-3-13 M&Cビル7F
電話 03-6703-0964（編集）
03-6703-0962（販売）
Fax 03-6703-0963（販売）
振替 00180-0-164137
URL https://www.kosaido-pub.co.jp/

印刷・製本　株式会社暁印刷
ISBN 978-4-331-52399-5 C0095